La traducción literaria y audiovisual
de Jane Austen en España

Nieves Jiménez Carra

La traducción literaria y audiovisual de Jane Austen en España

Análisis y estado de la cuestión

Granada, 2025

Colección indexada en la MLA International Bibliography desde 2005

EDITORIAL COMARES

INTERLINGUA
404

Colección fundada por:
EMILIO ORTEGA ARJONILLA y PEDRO SAN GINÉS AGUILAR

Comité Científico (Asesor):

ENVÍO DE PROPUESTAS DE PUBLICACIÓN:

Las propuestas de publicación han de ser remitidas (en archivo adjunto, con formato PDF) a alguna de las siguientes direcciones electrónicas: anabelen.martinez@uco.es, psgines@ugr.es

Antes de aceptar una obra para su publicación en la colección INTERLINGUA, ésta habrá de ser sometida a una revisión anónima por pares. Para llevarla a cabo se contará, inicialmente, con los miembros del comité científico asesor. En casos justificados, se acudirá a otros especialistas de reconocido prestigio en la materia objeto de consideración.

Los autores conocerán el resultado de la evaluación previa en un plazo no superior a 60 días. Una vez aceptada la obra para su publicación en INTERLINGUA (o integradas las modificaciones que se hiciesen constar en el resultado de la evaluación), habrán de dirigirse a la Editorial Comares para iniciar el proceso de edición.

Maquetación: Miriam L. Puerta

Ilustración de cubierta: diseñada por Freepik

© Nieves Jiménez Carra

© Editorial Comares, 2025

Polígono Juncaril • C/ Baza, parcela 208 • 18220 Albolote (Granada) • Tlf.: 958 465 382
https://www.comares.com • E-mail: libreriacomares@comares.com
https://www.facebook.com/Comares • https://twitter.com/comareseditor
https://www.instagram.com/editorialcomares

ISBN: 978-84-1369-777-2 • Depósito legal: Gr. 594/2025

Impresión y encuadernación: COMARES

A mis padres

Sumario

Prólogo

Es para mí una satisfacción prologar este libro de la doctora Nieves Jiménez Carra, Profesora Titular de la Universidad de Málaga y querida amiga, exbecaria y excompañera de tareas docentes e investigadoras durante muchos años en el Departamento de Traducción e Interpretación. Por segunda vez después de su tesis doctoral, *Análisis y estudio comparativo de tres traducciones españolas de* Pride and Prejudice (2007), que tuve el honor de dirigir, y tras su libro *La traducción del lenguaje de Jane Austen*, publicado por el Servicio de Publicaciones de la Universidad de Málaga en 2008, la profesora Jiménez Carra regresa al universo Austen, y en concreto a las traducciones literarias y audiovisuales de todas sus obras al castellano. El resultado es esta obra, que a buen seguro resultará imprescindible para todos los investigadores que exploren como ella lo hace las características de este peculiar fenómeno desde paradigmas investigadores como los estudios de traducción o la sociología de la literatura.

No cabe duda de que la popularidad de Jane Austen en nuestro país es inmensa, superior a la de las novelistas españolas de la época —caso, por ejemplo, de Fernán Caballero—, tal vez injustamente olvidadas. Es cierto que Austen juega con ventaja solo por ser inglesa y escribir en inglés, la *lingua franca* del mundo actual. Sin embargo, esa no es la única razón que explica el inmenso aprecio que siente por sus obras en la actualidad el público lector español, en el que lectoras y lectores incluso se definen como «austenianos» («*janeites*» en inglés). No obstante, ¿cómo explicar su vigencia entre un público mayoritariamente femenino —otro aspecto interesante y posiblemente decisivo—, que sigue disfrutando con las historias contadas por Austen hace dos siglos en la Inglaterra de las primeras décadas del siglo XIX? Unas historias «de andar por casa» que llegaron tardíamente a España, en las que aparentemente no sucede nada extraordinario y por las que desfilan personajes de una incipiente burguesía rural y urbana de moral anglicana. Unas historias, en fin, que narran episodios amorosos anclados en la sociedad de la época, protagonizados por heroínas que deberán tomar decisiones trascendentales para su felicidad y bienestar futuros. A este respecto, es remarcable que, en su búsqueda, las protagonistas de Austen siempre antepongan las cualidades positivas de sus pretendientes, especialmente la sinceridad, la bondad y la compasión, a las negativas, sobre todo la mentira, que a veces tardan en descubrir.

Coincido plenamente con la profesora Jiménez Carra en que quizá otra de las claves para explicar esta vigencia se encuentre en el peculiar y moderno estilo de Jane Austen. En este sentido, cabría decir que, entre algunas de sus aportaciones a la narrativa moderna, se encuentra su incipiente «discurso indirecto libre» que permite al lector de sus novelas adentrarse en las mentes de las heroínas, hurgar en sus pensamientos íntimos y saber cómo valoran realmente los acontecimientos narrados. El discurso indirecto libre confiere además una frescura y una emotividad a las historias difíciles de superar con otros procedimientos, pero a veces no es tan fácil de detectar, planteando a menudo serios problemas de traducción.

Como se ha dicho antes, las obras de Jane Austen han irrumpido en la cultura de nuestro país, al igual que en la de muchos otros, de forma progresiva pero creciente. No hay más que ver el elevado número de traducciones y retraducciones de sus obras, pero también de productos audiovisuales basados en sus libros, por no hablar de las secuelas y otros metatextos que adaptan, utilizan o intentan explicar sus personajes e historias. Austen está ya presente en la literatura española entre otras razones porque se trata de una autora estrella de la *World Literature* que ha atravesado hace tiempo las fronteras de su país de origen. El éxito de las obras de Austen confirma su vigencia, pero a la vez la convierte en un inmejorable objeto de estudio, como demuestra la monografía de nuestra autora.

La investigación llevada a cabo por la profesora Jiménez Carra pone también de manifiesto un detalle que ella misma menciona y que me gustaría incluir en este prólogo: la proliferación de traducciones españolas de obras de Jane Austen (471 entradas en el catálogo de la BNE). Del estudio minucioso y exhaustivo de nuestra investigadora se deduce que un buen número de ellas no son propiamente retraducciones sino revisiones de traducciones ya publicadas, algunas firmadas por traductores inexistentes. Como ejercicio puramente descriptivo, este hecho permite vislumbrar algunas prácticas poco ortodoxas del sistema editorial español, aún necesitadas de mayor atención investigadora.

En resumen, reitero que estamos ante una obra de referencia de consulta imprescindible para entender la complejidad del «fenómeno Austen» en nuestro país, producto de la erudición de la profesora Jiménez Carra, pero también de su justificada, y modélica, metodología de investigación. Confío en que tanto su interés por el tema como su proverbial curiosidad intelectual, que me precio de conocer bien, consigan que aporte nuevas contribuciones en el futuro.

Juan Jesús Zaro

Introducción

Jane Austen escribió únicamente seis novelas completas: *Sense and Sensibility* (1811), *Pride and Prejudice* (1813), *Mansfield Park* (1814), *Emma* (1815), *Northanger Abbey* (1818) y *Persuasion* (1818). Además, también fue autora de otras novelas cortas y obras no terminadas. Se trata de una producción relativamente escasa, que, sin embargo, sigue siendo objeto de atención más de dos siglos después. Así, se siguen publicando nuevas ediciones de sus obras, se siguen traduciendo, se crean versiones audiovisuales, se adaptan o se recrean. Puede que su temática tenga algo que ver: en todas las historias creadas por Austen encontramos temas universales como la búsqueda del amor, la familia o la lucha de algunas de sus protagonistas por ser fieles a sí mismas en una sociedad que les daba la espalda. Pero, sin duda, considero que estas obras no tendrían la influencia que aún tienen si no hubieran sido escritas con el característico estilo de Jane Austen. Y es que la autora hace un uso muy particular del lenguaje. Son rasgos clave de su escritura la ironía, el uso del discurso indirecto libre o la aparición reiterada de términos como *mind*, *sense*, *sensibility*, *character*, *head*, etc., algunos de ellos con funciones de caracterización de personajes. Todo ello hace que su obra literaria completa sea un objeto de estudio por sí mismo.

En España, la producción de Jane Austen ha sido traducida extensamente. La primera (y tardía) traducción al español se publicó en 1919. Se trató de una versión de *Persuasion* realizada por Manuel Ortega y Gasset y publicada en Madrid por la editorial Calpe. Desde entonces se han sucedido las retraducciones, revisiones y nuevas ediciones. Las últimas retraducciones de novelas completas que recoge la Biblioteca Nacional de España, a fecha de finalización de este libro, se han publicado en 2023. Se trata de *Emma*, realizada por Moisés Barcia, editada por Sushi Books (Pontevedra) y anotada y prologada para el público juvenil por Ana Bulnes, Raquel Campos Pico y María Ramos Domínguez; *Persuasión*, traducida por Marta Reyes Seco y editada en Madrid por Mestas Ediciones; *Sensatez y sentimiento*, con un título ya empleado por traducciones anteriores (diferente al más común *Sentido y sensibilidad*), en versión de Núria Molines Galarza y editada por Ediciones Invisibles en Barcelona; y *Sentido y sensibilidad*, en traducción firmada por Juan Bravo Castillo, que también prologa la obra, y publicada por la editorial Planeta en Barcelona.

En cuanto a las primeras adaptaciones audiovisuales, en 1938 la BBC produjo una película de *Pride and Prejudice* y en 1940 se estrenó otra dirigida por el estadounidense Robert Z. Leonard, que versionaba la misma novela. Solo esta última llegó a España. Las últimas adaptaciones se han estrenado en 2022 y 2024: por un lado, Netflix ha producido una película de *Persuasion* y, por otro, el canal norteamericano Hallmark, una de *Sense and Sensibility* que no está disponible en nuestro país. Se prevé, además, otra serie de *Pride and Prejudice* en Netflix en 2025 (Schafer, 2024).

Como se puede observar, el deseo de seguir traduciendo, versionando y adaptando la obra de Austen no parece haber cesado. Y esta es la muestra más evidente de que tampoco ha disminuido el interés del público.

Este trabajo se integra dentro de la disciplina de los estudios de traducción y pretende ofrecer una perspectiva actual, y actualizada, de la traducción de la obra de Austen en España. Se hace, además, desde un doble enfoque: la traducción literaria y la traducción audiovisual. Esto es así por dos motivos. Por un lado, no se debe perder de vista nunca que la obra es originariamente literaria, por lo que un análisis de su traducción es fundamental; por otro, las producciones audiovisuales son un medio a través del que la población general, y particularmente la más joven, también accede a obras literarias. Es necesario, por ello, observar cómo esas obras se trasladan a la pantalla; esto es, si son fieles o no al original, tanto desde el punto de vista lingüístico como argumental, y cómo se presentan en su traducción.

La primera monografía sobre la traducción de la obra de Austen en España la editó, bajo mi autoría, la Universidad de Málaga en 2008, con el título *La traducción del lenguaje de Jane Austen* (Jiménez Carra, 2008b). En este libro se estudiaba el especial uso del lenguaje de la autora y se analizaban algunos términos y elementos significativos de su obra *Pride and Prejudice*, así como traducciones seleccionadas. Este trabajo ampliaba la información contenida en mi tesis doctoral *Análisis y estudio comparativo de tres traducciones españolas de* Pride and Prejudice (Jiménez Carra, 2007). Anteriormente a este volumen, en 1981, se había defendido una tesis doctoral realizada por María José Crespo Allué y titulada *La problemática de las versiones españolas de* Persuasión *de Jane Austen. Crítica de su traducción* (1981b), donde ya se vislumbraba un estudio en este mismo sentido, en ese caso aplicado a la novela *Persuasion*. Posteriormente se han publicado otras investigaciones (algunas de mi autoría y algunas en esta misma editorial), centradas en el estudio de la traducción de algún rasgo de la obra de nuestra autora.

Dado que existe un elevado número de nuevas traducciones, revisiones o versiones y se han estrenado películas y series adaptando sus novelas, este nuevo trabajo pretende recopilar toda la información disponible en este sentido, de manera que ayude a proporcionar una visión general tanto de la traducción literaria como de la traducción de las adaptaciones audiovisuales de obras de Jane Austen en España. Para ello, se han tomado como referencia los documentos presentes en el catálogo de la Biblioteca Nacional de España (BNE), así como la información contenida en otros estudios realizados al respecto. También se ha consultado para todas las obras el Index Translationum de la UNESCO, aunque en este índice (que contiene datos de España solo hasta 2012 y para publicaciones hasta 2008) no aparecen todas las traducciones que sí recoge la BNE. Para las adaptaciones audiovisuales, se han consultado también los sitios web IMDb, El Doblaje y la base de datos pública de traductores audiovisuales y obras de la Asociación de Traducción y Adaptación Audiovisual de España (ATRAE). Debido al gran volumen de información que lleva consigo la obra de Austen, puede que haya algunos textos o adaptaciones que no se mencionen aquí, al no encontrarse registrados en los catálogos mencionados ni haberse localizado por otros medios.

En este trabajo, pretendo a) describir el contexto en el que Austen publica su obra literaria, así como su uso de la lengua inglesa; b) exponer cómo se han traducido en España tanto su producción literaria como adaptaciones audiovisuales que se han hecho de ella; c) recopilar las traducciones, retraducciones, revisiones y reediciones que se han publicado en España de todas las obras de Austen; d) compilar las adaptaciones audiovisuales de sus obras, con especial atención a las que han sido subtituladas y dobladas al español de España; y e) reunir otras obras y producciones audiovisuales que versionan su vida o que están basadas, de alguna forma, en obras de Austen (creaciones que a veces poco tienen que ver con la historia original, pero que, hasta cierto punto, parten de ella y que, por tanto, se inspiran en ella).

El estudio se articulará de la siguiente forma: se realizará una primera aproximación teórica a la obra de Jane Austen desde una perspectiva lingüística y contextual; se establecerán los conceptos teóricos que guiarán las recopilaciones (esto es, 'traducción', 'retraducción', 'revisión' y 'versión'); se expondrán estudios realizados en torno a la traducción de la obra de Jane Austen; posteriormente, se clasificarán las traducciones, retraducciones y revisiones literarias españolas de todas las obras, junto con otras versiones; a ello seguirán las traducciones de las adaptaciones audiovisuales, que se someterán a un análisis similar al anterior. También en este apartado se mencionarán otras obras que, aun no siendo adaptaciones audiovisuales fieles o libres de las novelas, sí merecen ser reseñadas.

El objetivo final es, como se puede deducir de lo anterior y como establece el título de esta monografía, analizar y exponer el estado de la cuestión de la traducción literaria y audiovisual de la obra de Jane Austen en España.

Capítulo 1
La obra de Jane Austen desde una perspectiva lingüística y contextual

1.1. Vida y obra de Jane Austen

Jane Austen nació el 16 de diciembre de 1775 en Steventon, un pueblo de Hampshire, en Inglaterra. Lo hizo en el seno de una familia acomodada, en la que su padre había crecido junto a un tío acaudalado y su madre era hija de un reverendo que, además, era *fellow* del All Souls College de Oxford (Cecil, 1978: 20-21).

Austen tuvo siete hermanos: James, George [1], Edward, Henry Thomas, Cassandra Elizabeth, Francis William y Charles John. Jane nació entre los dos últimos. Fue con Cassandra con quien tuvo una relación más cercana, que se vio reflejada en las cartas que se intercambiaban (Austen, 1955) y que Cassandra trató de ocultar tras la muerte de la autora, para preservar su intimidad.

Austen vivió en Steventon hasta los 25 años, momento en el que su familia se trasladó a Bath. Tras la muerte de su padre, en 1805, ella, Cassandra y su madre se mudaron a Southampton, donde vivían Francis William y su esposa. En 1809 se asentaron en Chawton House, una de las propiedades que Edward Austen tenía en el condado de Hampshire. Esa época fue la que más frutos dio para Austen como escritora (Cecil, 1978: 141; Austen-Leigh, 2002: 67).

La autora murió en 1817 en Winchester, donde había ido con Cassandra para que la atendiera un médico, ya que estaba enferma. Está enterrada en la catedral de esta localidad. La causa de la muerte de Austen sigue siendo incierta ya que, debido a la época, se desconocía el tipo de enfermedad que sufría. Por los síntomas, parece que fue la de Addison, aunque también se ha apuntado a la tuberculosis o al cáncer, si bien en los últimos años incluso han aparecido noticias que apuntan a un envenenamiento accidental por arsénico, en base al análisis de las tres gafas que de ella se conservan en la Biblioteca Británica:

---

[1] George no aparece en el listado de hermanos de Austen en algunas publicaciones ya que vivió alejado de la familia porque tenía discapacidad intelectual (Cecil, 1978: 29). No consta, siquiera, en la biografía firmada por el sobrino de la autora (Austen-Leigh, 2002: 16-18).

Jane Austen's early death has in the past been attributed to Addison's disease (an endocrine disorder), cancer and tuberculosis. In 2011, the crime writer Lindsay Ashford suggested that Austen died of arsenic poisoning. She came to this conclusion after reading Austen's description of the unusual facial pigmentation she suffered at the end of her life – something commonly found with arsenic poisoning. Ashford's novel *The Mysterious Death of Miss Austen* strays from theories of accidental poisoning into rather more fantastical murder. The variations in the strength of the British Library's three pairs of spectacles may indeed give further credence to the theory that Austen suffered from arsenic poisoning, albeit accidental (Tuppen, 2017).

La obra de Austen se compone, como se ha indicado en la introducción, de seis novelas completas, así como de novelas e historias cortas o no terminadas. El orden de publicación de las novelas es el siguiente: *Sense and Sensibility* (1811), *Pride and Prejudice* (1813), *Mansfield Park* (1814), *Emma* (1815), *Northanger Abbey* (1818) y *Persuasion* (1818). Sin embargo, no fue este el mismo orden en el que las escribió. De hecho, aunque *Pride and Prejudice* se publicó en segundo lugar, Austen la terminó en agosto de 1797 (la había empezado a escribir en octubre del año anterior). Al principio se llamaba *First Impressions*, aunque finalmente este título fue modificado por el que hoy día conocemos. *Sense and Sensibility* la terminó al año siguiente, cuando también escribió *Northanger Abbey*. Tras esto, pasaron varios años hasta que, en 1812, escribió *Mansfield Park*, a la que siguieron *Emma* y *Persuasion* en 1816. También en ese intervalo de años escribió la historia corta *Lady Susan*. En cuanto a *The Watsons* y *Sanditon*, las dejó incompletas.

Así, aunque, en realidad, las novelas fueron escritas a lo largo de casi diez años, se publicaron con un corto espacio de tiempo entre ellas y, en el caso de *Northanger Abbey* y *Persuasion*, la publicación fue póstuma. Lo mismo ocurrió con *Lady Susan* (1871).

Además de estas historias, Austen también escribió relatos breves en su juventud, que han sido publicados por Robert William Chapman en su obra *The Works of Jane Austen* (1954). En concreto, el autor los divide en tres volúmenes. En el primero incluye *Frederic & Elfrida, Jack & Alice, Edgar & Emma, Henry & Eliza, The Adventures of Mr. Harley, Sir William Montague, Mr. Clifford, The Beautiful Cassandra, Amelia Webster, The Visit, The Mystery, The Three Sisters* y *Ode to Pity*. En el segundo volumen, encontramos *Love and Friendship*[2], *Lesley Castle, The History of England, A Collection of Letters* y *Scraps* (que incluye *To Miss Fanny Catherine Austen, A Female Philosopher—a Letter, The First Act of a Comedy, A Letter from a Young Lady, Whose Feelings Being Too Strong for Her Judgment Led Her into the Commission of Errors Which Her Heart Disapproved, A Tour Through Wales—in a Letter to a Young Lady, A Tale* y *To Be Left*). Por último, el tercer volumen recoge *Evelyn* y *Catharine, or the Bower*.

---

[2]   El título original de esta historia contenía un error de Austen, pues la autora escribió *freindship* en lugar de *friendship*.

En cuanto a la recepción de sus obras, la primera, *Sense and Sensibility*, que fue publicada de forma anónima, tuvo bastante éxito, aunque mayor fue el de *Pride and Prejudice*, cuya autoría rezaba «by the author of *Sense and Sensibility*». Aunque la autora quería seguir permaneciendo en el anonimato, Cecil (1978: 163) indica que uno de los hermanos de Austen, Henry, reveló a unas señoras que su hermana era la autora de esta última obra. En vida de Austen, *Mansfield Park* también tuvo una brillante acogida y su primera edición se agotó, todo ello aunque su argumento era diferente al de las primeras dos novelas (Jiménez Carra, 2007: 36).

De cualquier forma, aunque hubo algún tipo de reconocimiento en vida, no fue hasta después de su muerte cuando realmente se empezó a apreciar la obra de Austen, y cuando empezó a crecer su fama como escritora, que se extiende hasta el día de hoy.

1.2. **El lenguaje de Jane Austen: una aproximación estilística**

Como se ha mencionado en la introducción, uno de los elementos clave en la recepción de la obra de Austen es el estilo de la autora, que no solo usa para describir sus historias, sino también, por ejemplo, para caracterizar a sus personajes. Dado que el objetivo final de este trabajo es traductológico, en esta sección me centraré en los rasgos lingüísticos de dicho estilo, puesto que es imprescindible conocerlos para poder abordar una traducción. Por tanto, no abarcaré otros aspectos de su obra, como las temáticas, que sí serían estudiados desde otras perspectivas investigadoras.

Las características lingüísticas que definen el estilo de Jane Austen como escritora han sido previamente estudiadas tanto desde un punto de vista filológico como también, aunque en menor medida, traductológico. Esta última perspectiva parte de la importancia que tiene conocer el tipo de lenguaje que se usa, así como con qué objetivo, para poder trasladarlo con la mayor fidelidad posible al texto meta (TM) y, por consiguiente, a la cultura meta (CM). En el apartado 3.1. se enumerarán diversos estudios que analizan la traducción de la obra literaria de Jane Austen y, por tanto, la traducción de su estilo. Antes de ello, sin embargo, debemos establecer en qué se caracteriza este lingüísticamente.

Desde un punto de vista general, el lenguaje de Austen es muy preciso y, en ocasiones, hiperbólico. Esto significa que cada palabra o expresión utilizada cumple un objetivo en la obra. De hecho, si observamos su estilo desde una perspectiva más concreta, descubrimos que Austen hace uso de estructuras y términos con funciones específicas, de la ironía, de la parodia o del discurso indirecto libre. Incluso, también realiza una elección consciente de vocablos para describir los argumentos de sus obras. Este último es el caso de, por ejemplo, los títulos *Pride and Prejudice* y *Sense and Sensibility*. En este sentido, Gibson (2016: 28) indica que demuestran que «the structural logic of Austen's fictions is deeply indebted to dialectical reasoning», puesto que esta dialéctica, originalmente usada por Platón, «involves the struggle of contrary positions that are ideally resolved or reconciled. [...]» (Gibson, 2016: 27). Y va más allá: «The ability to successfully negotiate Austen's complex social worlds through reasoning, good humor and intelligence is what makes each of her heroines likable, marriageable, and moreover, lovable» (Gibson, 2016: 27). Así, con el uso de *pride* con *prejudice* o de *sense* con *sensibility*, Austen no solo describe el argumento de cada obra, sino que lo hace mediante la contraposición de dos términos, en cada caso.

Autores como Chapman (1948) no resaltaban originalidad en el estilo de Austen y solo destacaban de él sus diálogos. Esto puede deberse, como ya había explicado Lascelles (1939), a la simplicidad de la narración, motivo por el que indicaba que su lenguaje podía haber pasado desapercibido. Bray (2022 [2018]: 2) menciona también que durante los siglos xix y xx (parte de este último, al menos), había una visión generalizada de que Austen no tenía un estilo diferenciado y cita a Brownstein que, en la reedición de 2015 de la obra de Page *The Language of Jane Austen* (1972), explica lo siguiente:

> Most of the serious literary-critical commentary on Austen has focused on the plot—the marriage plot—and, most recently, the social and historical context of her life and work. In 2015, one can still say as Page said […], that style, «with only a very [few] exceptions, has been generally neglected» (Brownstein, 2015: 405, citado en Bray, 2022 [2018]: 2).

A pesar de ello, Lascelles (1939: 104) ya había destacado que la precisión en la elección de términos y estructuras por parte de Austen era fundamental en su obra y que era poco frecuente que escribiera con ambigüedad. También Page (1972: 188) lo afirma. Para él, la autora utiliza expresiones inesperadas, un orden de palabras poco común o términos usados fuera de su contexto, y estas elecciones le bastan para mostrar su propósito. También, como indica Jordán Enamorado, aplica la repetición selectiva de vocablos para describir la actitud de un personaje o mostrarnos sus sentimientos (2017: 359-369).

La concisión que caracteriza el estilo de Austen hace que a veces la presencia de una sola palabra cambie el sentido de toda una oración. Jordán Enamorado (2017: 92) cita a Wright (1953), que menciona esta descripción de John Dashwood en *Sense and Sensibility*: «[he] was not *an ill-disposed* young man, unless to be rather cold hearted, and rather selfish is to be *ill-disposed*» (la cursiva es mía).

Sin embargo, la aparente sencillez de la obra de Austen, probablemente debido a las estructuras sintácticas o a la concreción en el uso de adverbios o pronombres, no debe llevar a error, puesto que «esta sencillez solo lo es en apariencia, y dar un significado por sentado puede llevar a una incorrecta interpretación del texto» (Jiménez Carra, 2008b: 24). Esto también será relevante para la comprensión del texto origen de cara a la realización de una traducción.

El número de publicaciones sobre el lenguaje empleado en la obra de Austen como parte de su estilo demuestra el interés de la comunidad científica por este. Algunas de estas publicaciones son las de Lascelles (1939), Wright (1962), Phillips (1970), Page (1972; 1973), Butler (1987 [1975]), Stokes (1991), Johnson (1994), Waldron (1999), Seeber (2000), Gill y Gregory (2003), Fischer-Starcke (2010), Duquette y Lenckos (2014) o Jordán Enamorado (2017). Una de las obras más recientes en este sentido es la de Bray (2022 [2018]). Además, también son destacables algunas investigaciones centradas en la traducción de obras concretas de Austen y que estudian el mantenimiento en ellas de su lenguaje o estilo. Como se ha indicado anteriormente, la relación entre estilo y lenguaje de Austen y su traducción literaria se tratará en el apartado 3.1.

Aunque no sea el objetivo de este apartado, es necesario destacar también que el interés que la autora sigue suscitando a día de hoy, además, está igualmente refrendado por estudios muy variados realizados en torno al contenido y a las implicaciones de su obra. Algunas de las temáticas estudiadas son, por ejemplo, las siguientes: filosofía (Marinucci, 2016), moralidad (Strohmeier, 2014), feminismo y género (Kirkham, 1986; Johnson, 1988; Herrera Sánchez, 2012; González Díaz, 2014), libertad (Davis, 2016), ética (Tarpley, 2010), narrativas y argumentos heterosexuales (Chaskin, 2021), personajes (Morris, 1999) o política (Neill, 1999; Harris, 2017). También hay compilaciones más generales como *A Reading of Jane Austen* (Hardy, 1979), *The Cambridge Companion to Jane Austen* (Copeland y McMaster, 1997), *A Companion to Jane Austen Studies* (Lambdin y Lambdin, 2000), *Student Companion to Jane Austen* (Teachman, 2000), *The Cambridge Introduction to Jane Austen* (Todd, 2006), *Everybody's Jane: Austen in the popular imagination* (Wells, 2011), etc. Una de últimas en publicarse ha sido *Jane Austen. Visual Encyclopedia: Novels and adaptations, characters and locations* (Giret y Saim, 2024). Además, también hay investigaciones que se centran en adaptaciones o versiones audiovisuales de sus obras. Este último asunto se tratará en el apartado 4.1.2.

Así, en esta sección se expondrán las características del estilo de Austen en la lengua inglesa, puesto que es imprescindible conocerlas para poder juzgar con cierta autoridad la importancia de su mantenimiento en las traducciones, así como para valorar estas últimas. No en vano, Phillips (1970) indica que su estilo es tan característico que resulta inconfundible; por tanto, debería serlo también en el TM.

Así, la elección de términos en las obras de Austen es uno de los rasgos más definitorios de su prosa. No solo por la exactitud del significado de los vocablos que incluye en sus novelas (Crespo Allué, 1981b: 268), que ya se ha mencionado, sino por dónde los sitúa y con qué fin.

Varias investigaciones han destacado el escaso uso que Austen hacía del lenguaje figurativo (Lascelles, 1939; Crespo Allué, 1981b; Jiménez Carra, 2008b). Sin embargo, sí emplea sustantivos abstractos (algo que comparte con otros autores de la época), especialmente términos con carga moral (Wright, 1962: 173; Phillips, 1970: 12-13; Crespo Allué, 1981b; Moler, 1989: 69). Aun así, los usa con precisión, puesto que, «if one is going to rely heavily on conceptual terms, one had better be able to handle them with force and precision» (Moler, 1989: 69). Este uso de términos abstractos se observa también, precisamente, en los dos títulos mencionados con anterioridad: *Pride and Prejudice* y *Sense and Sensibility*.

Page (1972) expone que Austen cuenta con un registro formal (relegado a la narración) y otro coloquial (presente en los diálogos). En este sentido es necesario argumentar que, aunque es cierto que Austen hace uso de elementos muy coloquiales en los diálogos de ciertos personajes para caracterizarlos, en otras ocasiones, otros personajes sí emplean elementos formales en sus intervenciones, precisamente por el mismo motivo. A este respecto, resulta interesante la afirmación de Bray (2022 [2018]: 31):

> The sharp characterisation and wit of Austen's fiction often depends not simply on the function or use of one technique, but rather on the effects that are generated in particular contexts by rapid and sometimes very slight shifts from one formal feature to another, and the ambiguities between them. This is especially the case for her skillful representation of conversation [...].

A veces, incluso, los diálogos introducen temáticas ajenas a la principal de la obra. En este sentido, remito al volumen *General Consent in Jane Austen: a study of dialogism*, de Seeber (2000), donde se estudian las novelas completas, además de parte de las obras de juventud o *juvenilia*, y se analiza el modo en el que los personajes de Austen expresan diferentes puntos de vista o exponen temáticas a través de sus conversaciones (por ejemplo, el papel de las «otras» heroínas de las novelas o los conceptos de ideología o de poder).

La corrección o incorrección en el uso del lenguaje por parte de los personajes están asociadas en la obra de Austen con la moralidad o vulgaridad. De hecho, como indica Bray (2022 [2018]: 107), «those characters in her novels who speak with a lack of precision and propriety are often portrayed as disagreeable and vulgar, and are often the target of satire». Y, es más,

> Austen highlights the precariousness, even the danger of moral judgements based on language use. Examples from her fiction suggest that insincerity and falseness is often to be discerned not through the use of any particular expressions, but rather through inconsistency and inappropriateness of style in a given context, and that what appears to be vulgar language can in fact be a sign of warm-heartedness and moral worth (Bray, 2022 [2018]: 107).

Esto es, Austen usa el lenguaje de forma efectiva en la caracterización de sus personajes o, como indica Baker (2014: 170): «[she] is one of a few skillful authors who can create whole people out of literary characters by their words». De hecho, Jordán Enamorado (2017: 452) afirma, al hablar de los diálogos, que «el modo en el que se construyen las frases y los párrafos, la elección de las palabras y su posición estratégica, el ritmo de las frases y el uso de los signos de puntuación logran que el lector "escuche" la voz de los personajes, perciba sus sentimientos y comprenda todo el sentido de sus palabras».

Es más, Austen no era proclive a describirlos físicamente, como sí hacen otros escritores. Su interés era mostrar a quien leyera la obra su personalidad a través de su comportamiento y de su forma de expresarse. Esto, en sí mismo, es un rasgo claramente definitorio del estilo de la autora. Por ejemplo, la protagonista de *Mansfield Park*, Fanny Price, es descrita como muy tímida; por tanto, «even when Fanny does join in group conversations, her speech is often presented stylistically in such a way as to minimize her contributions» (Bray, 2022 [2018]: 42). Esta función caracterizadora de los diálogos también es mencionada por Alsina (2008a) en su estudio de traducciones de *Mansfield Park*, que se mencionará más adelante.

En una publicación anterior en esta misma editorial (Jiménez Carra, 2019) realicé un análisis de la traducción de los elementos del lenguaje de los que se sirvió Austen para caracterizar a Mrs. Bennet y Lydia Bennet, madre y hermana de Elizabeth Bennet, protagonista de *Pride and Prejudice*. En este caso, en el texto origen se detectó, en primer lugar, el uso de sustantivos, expresiones o verbos concretos que ayudaban a describir a estas dos personas. Esta forma de emplear el lenguaje ya era advertida por Page (1972: 148):

> [...] in her fiction these finely-controlled variations in speech often indicate moral as well as social nuances—so that the point about, say, the vulgarisms of Lucy Steele in *Sense and Sensibility* is not merely that they reveal her as belonging to a level of society which most of the characters (and, one presumes, the author) regard as inferior, but, more damagingly still, that they betray a lack of the civilized virtues of intelligence, taste and self-awareness. A 'low' expression tends, therefore, to be symptomatic of unsatisfactory moral or ethical standards.

En segundo lugar, también se demostró que en la narración había un empleo de estructuras que describían las acciones de los personajes. Por ejemplo, Lydia Bennet *yawns*, *gapes* o *stretches*, fruto del interés de Austen por describir su lenguaje corporal concreto (Moler, 1989: 74). En el estudio se deducía que Mrs. Bennet y Lydia Bennet, de personalidades muy similares, hacen uso de estructuras parecidas en sus discursos, tales como exclamaciones, repeticiones de colocaciones sintácticas o lenguaje coloquial, en ocasiones hiperbólico gracias al abuso de adverbios como *excessively*, *so very*, *most*, *quite*, etc. (Jiménez Carra, 2019: 105).

El lenguaje corporal que a veces sirve para describir a personajes ha sido estudiado en profundidad por Quinn (2018), que lo analiza no solo en la obra de Austen, sino también en la de otros autores.

Por su parte, González Díaz realiza un análisis específicamente centrado en el uso del adverbio *quite* como forma de mostrar la vulgaridad en el discurso femenino. De este estudio, deduce que el género (y no la mala educación) es el principal factor que determina la variación socio-estilística de *quite* en las obras de Austen (González Díaz, 2014: s.p.).

La relación que ha establecido la crítica entre el uso del lenguaje de nuestra autora y la moralidad también es mencionada por Bray (2022 [2018]: 107). No en vano, algunas decisiones tomadas por Austen en su obra parecen apoyar el uso correcto del lenguaje en este sentido (Bray, 2022 [2018]: 108).

Otra de las características del estilo de la autora es su empleo de los verbos modales, en especial *may/might*, *must*, *will/shall*, o *would/should*. Aunque no se trata de estructuras léxicas que supongan a priori un problema en la traducción como para ser analizadas aquí, sí es conveniente mencionarlas, dado que forman parte del uso que Austen realizaba del lenguaje (véase más adelante, por ejemplo, el empleo de alguno de estos verbos al introducir el discurso indirecto libre en sus obras).

Además de usar el lenguaje para caracterizar a sus personajes, que es, insisto, uno de los rasgos más característicos del estilo de Austen, también es muy destacable la presencia de ciertos términos que se repiten en la obra de la autora. Esta serie de elecciones, que realiza en muchas de sus composiciones, crea una enorme armonía en su producción literaria.

En mi tesis doctoral (2007) analicé de forma comparativa tres traducciones de *Pride and Prejudice* (además del análisis contrastivo con el texto origen). Antes del trabajo traductológico propiamente dicho, estudié una selección de vocablos, expresiones o verbos característicos del lenguaje de Austen que estaban presentes en la obra original. *Pride and Prejudice* es una de las novelas de Austen que más diálogo contiene, por lo que estos términos podían pertenecer a diferentes registros lingüísticos, en función del personaje que los usaba. En concreto, los vocablos seleccionados fueron los siguientes: *abilities, accomplishment/accomplished, amiable, candid/candour, character, countenance, dirty, dismission, genius, genteel, gentle/gentleness, handsome, heart, imprudence/ imprudent, intelligence/intelligent, interest, judgment/to judge, manners, mind, rapture/ rapturous, rational, reserve* y derivados, *respectable, sense, sensibility/insensibility, sensible/insensible/sensibly, spirit/spirits/spiritless, temper* y *understanding* (Jiménez Carra, 2007: 141-244).

En esta clasificación se analizó el significado que tenían las palabras en la época (pues, en el caso de algunas de ellas, este había cambiado con el paso del tiempo), de manera que pudiera determinarse mejor si dicho significado se había mantenido en las traducciones analizadas.

Además, también se estudiaron, entre otros, los verbos frasales *to sit down, to stand up (with)* y *to turn away*, que eran usados con un significado diferente al actual. En concreto, *to sit down* significaba «no bailar», en lugar de «sentarse»; *to stand up (with)*, «bailar» y no «levantarse»; por último, *to turn away* era «despedir o prescindir de un empleado» (Jiménez Carra, 2007: 244-248).

También se mencionaba una serie de expresiones que se consideran innovaciones de Austen, algo a lo que ya habían aludido autores como Phillips (1970), Page (1972) o Crespo Allué (1981b). En concreto, Phillips (1970: 103) resaltaba expresiones como *do-nothing-ness* (en *Mansfield Park*), *in-betweens* o *grown-ups*.

Los términos empleados por Austen de forma más frecuente en su obra, además, pueden agruparse en torno a conceptos más generales. En 2008, por ejemplo, clasifiqué los términos más repetidos en *Pride and Prejudice* en cuatro apartados, según su significado:

1. *Head*: términos que expresan «cualidades de la mente, de la forma de ser o de actuar de los personajes, así como su disposición intelectual o social» (Jiménez Carra, 2008b: 44). Pertenecen a esta categoría *abilities, accomplishments, judgment, mind, sense* o *understanding*.
2. *Heart*: palabras que definen «sentimientos, cualidades de la persona o rasgos de su personalidad» (Jiménez Carra, 2008b: 68). En este apartado incluía vocablos como *amiable, candid/candour, heart* o *sensibility*.

3. *Manners*: vocablos que transmiten «el trato hacia los demás, la manera de comportarse en sociedad o la forma de reaccionar» (Jiménez Carra, 2008b: 78). Se incluyen, entre otros, *character*, *manners*, *gentle* o *respectable*.

4. *Spirits*: una categoría que incluía, en esa clasificación, solo los términos *spirits* y *temper*, que eran usados «para expresar el estado de ánimo de un personaje o su predisposición o actitud hacia una determinada situación» (Jiménez Carra, 2008b: 98).

Algo similar, aunque con enfoque diferente, realiza Fischer-Starcke (2010). En un estudio basado en lingüística de corpus, la autora analiza *Northanger Abbey* y la extracción de términos de esta obra la lleva a dividirlos en tres campos semánticos: percepciones o conceptos mentales; relaciones familiares o sociales (el grupo dominante en su corpus) y textualidad. Fischer-Starcke destaca, además, que en esta obra de Austen hay un dominio de palabras relacionadas con la esfera femenina (pronombres o sustantivos).

Herrero López (2018) también menciona ciertos términos que representan conceptos sociales o culturales de la época de Austen, como *genteel*, *gentle* o *gentlemanlike*. Dado que ese artículo está centrado en la traducción, se profundizará en él en el apartado 3.1.

La elección de estructuras o términos específicos, por tanto, se convierte para Austen en una forma de crear historias y de describir con detalle a sus personajes. Así, la presencia de un vocablo concreto no debe darse por sentada si se desea no solo entender todas las implicaciones que puede llevar consigo, sino también poder trasladarlas con fidelidad al TM.

El discurso indirecto libre, un recurso relativamente nuevo en la época en la que Austen escribía, aparece también en sus obras, sobre todo en *Emma, Mansfield Park* y, especialmente, en *Persuasion* (Zaro Vera, 2005: 3; Alsina, 2008a: 19). Según Bray, sigue siendo un aspecto poco estudiado del estilo de Austen, si bien el autor afirma que «her representation of her characters' spoken words within the third-person narrative of her mature novels can be as subtle and sophisticated as that of their thoughts» (Bray, 2022 [2018]: 31). Alsina (2008a: 15) afirma que a Austen «se [le] atribuye haber perfeccionado [este recurso] y haber ejercido en este aspecto (así como en otros) una influencia indudable en la literatura de lengua inglesa, sobre todo en la narrativa». Aun así, en este sentido, Zaro Vera explica que «Austen no agota la potencialidad estilística del recurso, cosa que sucederá mucho más adelante en las novelas del siglo xx y, en el caso de la literatura inglesa, en autoras como Virginia Woolf» (Zaro Vera, 2005: 4). Este autor, que fue traductor precisamente de *Persuasion* en 2003, también menciona, citando a Pascal (1977), que en Austen el discurso indirecto libre no describe lo físico, sino lo abstracto, afirmación en consonancia con lo que ya se ha mencionado anteriormente al respecto del uso de léxico y estructuras en la obra de la autora.

Jordán Enamorado afirma que el uso del discurso indirecto libre «sirve a la autora para manipular al público» y que, gracias a él, «aparecen reflexiones del personaje dentro de la voz narrativa, entrando así en los pensamientos de los protagonistas, pero con un enfoque retocado por el narrador, que puede aportar su punto de vista» (Jordán

Enamorado, 2017: 52). De hecho, a veces este recurso se usa para introducir ironía (Bray, 2022 [2018]: 27) y también para caracterizar a personajes en función del lenguaje empleado por estos.

Para Alsina (2008a: 19), Austen usa el discurso indirecto libre en *Mansfield Park* con varias funciones:

> La de reproducir diálogos con gran concisión, cuando le conviene, y al mismo tiempo con viveza y realismo; la ironía, facilitada por la polifonía que caracteriza este modo de representación del discurso, y que ella aplica a determinados personajes y utiliza sobre todo con intención crítica y moralizante; la presentación de determinados personajes como más discretos, menos directos que otros que se expresan con [discurso directo]; y la narración de los pensamientos de los personajes con los que más se identifica (fundamentalmente la heroína), sin mezclarlos, sin embargo, con el punto de vista de la narradora, que mediante el [discurso indirecto libre] se puede mantener a cierta distancia y crear la sensación de objetividad.

Uno de los rasgos más característicos de este recurso en Austen es que, a veces, la autora añade comillas para indicar la parte de la narración donde se introduce el discurso indirecto libre. Esto no es lo más habitual, dado que, precisamente, la omisión de las comillas es uno de los cambios que se producen cuando se pasa del discurso directo al indirecto libre: «[...] a number of changes are typically involved in the change from (i [discurso directo]) to (ii [discurso indirecto libre]), including the removal of quotation marks [...]» (Leech y Short, 1981, citados en Bray, 2022 [2018]: 32). Las comillas, sin embargo, se añaden para representar las palabras «textuales» del personaje:

> In *Northanger Abbey* Isabella reassures Catherine when Henry Tilney is suddenly and inexplicably absent from Bath: «Isabella was very sure that he must be a charming young man; and was equally sure that he must have been delighted with her dear Catherine, and would therefore shortly return. She liked him the better for being a clergyman, "for she must confess herself very partial to the profession;" and something like a sigh escaped her as she said it.» [...] 'Charming' and 'dear' are suggestive of Isabella's exaggeratedly senti-mental style, [...] and the use of quotation marks together with the deontic modality clearly indicate a representation of Isabella's actual words, though with the third person retained (compare «I must confess myself very partial to the profession»). The distance created by [free indirect style] here thus helps to present Isabella as insincere, addicted to the clichés of her sentimental reading (Bray, 2022 [2018]: 37-38 —el subrayado es mío—).

En otras ocasiones, el recurso se introduce sin ningún rasgo ortotipográfico que lo distinga del resto del texto. Se muestran a continuación dos ejemplos de *Persuasion* proporcionados por Zaro Vera (2005: 4 y 6, respectivamente —el subrayado es mío—):

> Anne felt that she did not belong to the conversation, and yet, as Captain Harville seemed thoughtful and not disposed to talk, she could not avoid hearing many undesirable particu-lars, such as «how Mr. Musgrove and my brother Hayter had met again and again to talk it over; what my brother Hayter had said one day, and what Mr. Musgrove had proposed the next, and what had occurred to my sister Hayter, and what the young people had wished,

and what I said at first I never could consent to, but was afterwards persuaded to think might do very well,» and a great deal in the same style of open-hearted communication ([texto origen], p. 216).

«Altered beyond his knowledge!» Anne fully submitted, in silent, deep mortification. Doubtless it was so; and she could take no revenge, for he was not altered, or not for the worse. She had already acknowledged it to herself, and she could not think differently, let him think of her as he would. No; the years which had destroyed her youth and bloom had only given him a more glowing, manly, open look, in no respect lessening his personal advantages. She had seen the same Frederick Wentworth ([texto origen], p. 61).

Como se observa, en el primer párrafo el discurso indirecto libre se señala con comillas en el texto original, mientras que estas desaparecen en el segundo fragmento.

El discurso indirecto libre se ve apoyado, igualmente, por el uso de tiempos verbales, en particular del modal *must* (recordemos que el empleo de modales es parte del estilo de la autora). Se observa, por ejemplo, en el siguiente fragmento de *Persuasion* (el subrayado es mío): «She [Anne] found herself accosted by Captain Wentworth, in a reserved yet hurried sort of farewell. "He must wish her good night. He was going – he should get home as fast as he could" ([texto origen], p. 180)» (Zaro Vera, 2005: 7). O en el siguiente: «Such confidence, powerful in its own warmth, and bewitching in the wit which often expressed it, must have been enough for Anne; but lady Russell saw it very differently ([texto origen], p. 30)» (Zaro Vera, 2005: 8)[3].

Otra de las características del estilo de Austen es su tendencia a usar la ironía o la sátira, en ocasiones como elemento de parodia, aunque no se manifieste de forma concreta en elementos específicos de vocabulario, como los que ocupan especialmente a este estudio lingüístico. Esta forma de escribir ya fue detectada, afirma Sørbø (2018: 156), por sus lectores y críticos desde los primeros artículos que se escribieron sobre ella. De ciertas afirmaciones del propio hermano de Austen, Henry, se deduce, según Sørbø (2018: 156), «her keen power of observation, her compelling wit and acute sense of the absurdities of human existence. Her readers must have noticed this, and it made her liable to suspicions that she satirized particular people […]». Por su parte, Harris (2017: XVII) define a Austen como «a satirist, a celebrity watcher, and a politician in the historical sense of one keenly interested in practical politics». En su obra *Satire, celebrity and politics in Jane Austen* (2017), Harris explora los vínculos de Austen con otros autores y personajes conocidos de su época e identifica alusiones satíricas a algunos de ellos (por ejemplo, a la realeza, en *Sanditon* y *Northanger Abbey*). Jordán Enamorado (2017: 379) indica también que Austen usa los enunciados irónicos para criticar a su entorno, en lugar de hacerlo de forma directa. Este autor añade que Austen introduce la ironía a través del narrador o de los personajes.

---

[3] Para más información sobre las particularidades del uso del discurso indirecto libre en la obra de Austen, resulta interesante el capítulo «The representation of speech» en Bray (2022 [2018]: 31-56).

El enfoque humorístico permite a nuestra autora mantenerse a distancia de sus protagonistas o de los mundos que describe. Aunque la ironía se detecta especialmente en *Northanger Abbey* y *Persuasion*, Sørbø (2018: 156) indica que no se puede olvidar que una de las oraciones más irónicas de su obra es la que inicia *Pride and Prejudice*: «It is a truth universally acknowledged, that a single man in possession of a good fortune, must be in want of a wife». El uso aquí de la expresión *universally acknowledged*, que incide en la verdad «absoluta» de la primera parte de la afirmación, contrasta con la última parte de esta, que es justamente lo contrario a la realidad. Esto es, la novela expone la necesidad que tenía una mujer de casarse con un hombre de fortuna, y no al revés, como podría deducirse de la frase.

En los párrafos anteriores se han expuesto las características lingüísticas del estilo de Austen y cómo estas son fundamentales en su obra. Como se ha indicado anteriormente, conocer estos rasgos definitorios del estilo de la autora, así como saber qué significan en su producción (por ejemplo, en la caracterización de los personajes), será fundamental para poder crear traducciones respetuosas con los textos originales.

Capítulo 2
Traducciones, retraducciones, revisiones y versiones

La contextualización teórica necesaria para poder extraer conclusiones de la recopilación de textos que se presenta en este volumen debe comenzar por definir ciertos conceptos. Esto es, se debe explicitar qué se entiende por 'traducción', qué por 'retraducción', qué por 'revisión' y qué por 'versión', si bien es cierto que, a veces, el término 'versión' puede usarse como sinónimo de 'traducción' para evitar una excesiva repetición de este sustantivo (de hecho, se hace así en el siguiente apartado).

La traducción es, bien sabido, el resultado de trasladar un texto de un idioma a otro. Ahora bien, ¿qué es una retraducción? Hay diversas líneas de opinión en este sentido. ¿Es una retraducción toda traducción que se realiza de forma posterior a la primera que se hizo de ese texto? ¿Lo sigue siendo si se ha publicado en un país o en un mercado que no ha tenido acceso a esa primera traducción? ¿Lo es si se realiza en una variedad lingüística diferente a la de la primera traducción? ¿Debemos considerar un texto una retraducción en todo caso, siempre que haya una traducción previa a ese idioma y dado que el traductor o la traductora ha podido tener acceso a anteriores traducciones, se hayan publicado donde se hayan publicado? A todo esto se añade el hecho de que hay traducciones que se publican simultáneamente. En ese caso: ¿son primeras traducciones las dos? Sobre este último extremo ya advertían Koskinen y Paloposki (2010: 294) al indicar que la retraducción como proceso «is [...] prototypically a phenomenon that occurs over a period of time, but in practice, simultaneous or near-simultaneous translations also exist, making it sometimes hard or impossible to classify one as a first translation and the other a second translation». También es importante tener en cuenta en este caso los conceptos de retraducciones 'activas' y 'pasivas' introducidos por Pym (1998). Para este autor, las primeras son las que se publican en el mismo contexto cultural o generacional y las pasivas, aquellas que aparecen en épocas y contextos artísticos distintos.

A continuación, expondré algunas de las líneas de pensamiento de la disciplina e iré determinando cuál es la mía. Ha de señalarse, no obstante, que, aunque en esta monografía estamos trabajando únicamente con las traducciones publicadas en España y que, por tanto, no se profundizará en aspectos como traducciones a diferentes variedades lingüísticas del español, sí se mencionarán en este apartado estudios comparativos realizados previamente entre textos traducidos en España y en otros países de habla hispana. Esto es así porque son fundamentales en la construcción de qué se entiende por 'traducción', 'retraducción', 'revisión' o 'versión'. Además, en el capítulo siguiente también se citan algunas traducciones publicadas en otros países, puesto que están presentes en el catálogo de la BNE.

El Diccionario de la Lengua (DLE) de la Real Academia Española define 'retraducción' como «traducir de nuevo, o volver a traducir al idioma primitivo, una obra sirviéndose de una traducción». En base a esta definición, cualquier retraducción haría uso de una anterior. Además, el DLE también menciona como definición de retraducción la traducción al idioma original del texto. Esto se llama en inglés *back translation* o *reverse translation* y suele denominarse en la disciplina 'retrotraducción', término que, sin embargo, no está recogido en el DLE. La retrotraducción suele ocurrir en contextos en los que es necesario comprobar la calidad de una traducción y, para ello, se vuelve a traducir al idioma origen (Bundgaard y Nisbeth Brøgger, 2019: 833). Es más común en contextos técnicos. En ocasiones, el concepto también se llama 'traducción inversa', algo que, en mi opinión, puede confundirse con la traducción hacia un idioma que no es el materno de quien traduce. Esto es, la traducción inversa, que, por ejemplo, para un hispanohablante, sería del español al inglés, no tiene por qué serlo de un texto previamente traducido del inglés al español. El uso del término 'retraducción' como sinónimo de 'retrotraducción' se emplea de forma muy ocasional en la disciplina (Gambier, 2003: 50, citado en Tahir Gürçağlar, 2019: 484), aunque no es un uso frecuente actualmente.

Las definiciones que proporcionan los estudios de traducción para el concepto 'retraducción' son, en su mayoría, similares. A este respecto, Zaro Vera lo define como «traducción total o parcial de un texto traducido previamente» (2007: 31).

Autores como Berman (1990) o Zaro Vera (2007) excluyen de esta definición a las traducciones indirectas, realizadas a partir de un idioma al que el original ya se ha traducido previamente. La tendencia a confundir los conceptos 'retraducción' y 'traducción indirecta' también es mencionada por Toury (1995). Otros autores, sin embargo, sí incluyen el último concepto en el primero (Shuttleworth y Cowie, 1997: 76 o Gambier, 1994: 413, citados en Tahir Gürçağlar, 2019: 484). En relación con esto, resulta interesante la opinión de Chaume que indica que, en el marco de la traducción audiovisual, «las motivaciones de la traducción indirecta a una lengua autonómica a través de la lengua española son más parecidas a las motivaciones del ejercicio de la retraducción que al de la [propia] traducción indirecta» (2007: 55).

En este sentido, observamos que también hay diversas opiniones en lo que respecta a los motivos para retraducir. Venuti (2004), por ejemplo, habla de los siguientes: lenguaje desfasado de la traducción ya existente; nuevas interpretaciones filológicas; cambio de estatus del texto origen; o estrategias de tipo comercial motivadas por el pago de derechos de autor de anteriores traducciones. El envejecimiento del lenguaje como motivo para retraducir ya había sido mencionado antes por Berman (1990: 1), Gambier (1994) o Hurtado Albir (2001: 599).

La existencia de retraducciones no es algo reciente. Desmidt (2009), por ejemplo, cita a Goethe, quien daba por sentado la existencia de varias traducciones de una misma obra. Así, «Goethe argued that translations *develop from target culture oriented to source text oriented, eventually reaching the last and highest stage*, "in which one tries to make the translation identical with the original"» (Desmidt, 2009: 671 —la cursiva es mía—). Algo similar indica Berman (1990: 3), para quien las retraducciones suelen prestar más atención al texto origen, mientras que las primeras traducciones se enfocan más hacia la cultura meta, ya que su labor es introducirlas en ella. Posteriormente, la llamada «hipótesis de la retraducción», de Paloposki y Koskinen (2004), se basaba también en esta idea, junto con la del envejecimiento del lenguaje, como parte de los motivos para la realización de retraducciones.

Aun así, y aunque el concepto ya existía y esta actividad era asumida implícitamente por autores como Goethe, no fue hasta la publicación del número 4 de la revista francesa *Palimpsestes*, en 1990, cuando se comenzó a analizar este fenómeno desde nuestra disciplina. En este volumen, autores como Berman o Gambier establecieron las bases para estudios posteriores que han tratado el concepto tanto de forma teórica (Gambier, 1994; Pym, 1998; Robinson, 1998; Venuti, 2004; Zaro Vera, 2007, etc.), como de forma aplicada, en estudios contrastivos o comparativos. En cuanto a estos últimos, si bien cualquier trabajo que analice varias traducciones de un mismo texto origen está, muy probablemente, estudiando retraducciones, otras investigaciones mencionan específicamente el concepto y lo observan en un contexto de análisis concreto. Algunos de estos estudios son los incluidos en el volumen editado por Zaro Vera y Ruiz Noguera en 2007, o los trabajos de Desmidt (a medio camino entre la teoría y la aplicación práctica, 2009), Chaume (2018), García Jiménez (2018, 2022a, 2022b), Bywood (2019), Mendoza García y Filsinger Senftleben (2022) o Marcelo Wirnitzer (2022), entre otros.

De cualquier forma, y aunque el término 'retraducción' se usa en la disciplina y se ha estudiado desde hace décadas, García Jiménez (2022a: 236) indica que «la vaguedad conceptual que lo [rodea sigue presente] en la actualidad». Esta afirmación está refrendada en otras publicaciones recientes como la de Bywood (2019) que, además, expone lo siguiente:

> Despite the apparent simplicity of this definition, it soon becomes apparent that determining which translations may be defined as retranslations is a rather difficult task. This is due to a variety of factors, most notably the instability of source texts (ST), whose interpretation can and does change over time (this is arguably more of an issue when the source text is audiovisual, as new versions of the same film are often released, such as Director's Cuts that incorporate new scenes and material). Other issues which complicate this categorisation include the fact that translations in the same language are sometimes intended for a different audience, which casts doubt on the nature of the transfer as a retranslation, leading to a possible classification as an adaptation (Bywood, 2019: 815).

En lo que respecta a la ya mencionada hipótesis de la retraducción de Paloposki y Koskinen (2004) (que establecía la tendencia de la primera traducción y de las retraducciones o traducciones sucesivas a acercarse, respectivamente, a la cultura meta u origen), Desmidt (2009: 679) llega a la conclusión de que en el corpus que ella estudia no se cumple esta hipótesis. En él, las retraducciones no son necesariamente más cercanas a la cultura original que las versiones anteriores. Sin embargo, admite que puede ser válida siempre que no esté formulada de modo categórico. En su opinión es necesaria más investigación en este sentido. Diez años más tarde, Bywood aplica la hipótesis de la retraducción a la traducción audiovisual, en concreto a la modalidad de subtitulado, y afirma:

> The choices of the subtitler(s), as we move through time from oldest to newest translations, show a demonstrable tendency to give priority to more target-culture oriented solutions and thus the retranslation hypothesis does not apply in this case (Bywood, 2019: 829).

En realidad, en muchas ocasiones, es el contexto de cada país, de cada sociedad o de cada modalidad de traducción (en suma, la 'norma' de Toury, 1995), lo que determina la inclinación hacia un extremo u otro del continuo entre cultura origen o cultura meta. Por ejemplo, en España, durante las primeras décadas del siglo xx, era frecuente que las traducciones tendieran a domesticar, dada la situación política del país y unida esta al hecho de que los traductores, si bien en muchas ocasiones muy válidos, no tenían una formación al respecto y tendían a intervenir en exceso en los textos metas. A medida que la sociedad avanzó, que se consolidó la apertura del país a otras culturas y que los traductores fueron ganando en formación, las traducciones comenzaron a mantener elementos identificativos de la cultura origen como parte del respeto al texto original en el proceso de traducción. Por ello, es muy probable que una primera traducción publicada en España, por ejemplo, hace solo diez años, no vaya a diferenciarse, en cuanto a su enfoque domesticador o extranjerizante (más bien este último), de una retraducción del mismo texto publicada este año. La norma de traducción en España ya había cambiado hace diez años en este sentido y, con ello, las traducciones.

De cualquier forma, Bywood (2019), al igual que hacía Desmidt diez años antes, también considera que hace falta más investigación en torno a esta «hipótesis de la retraducción». Esto es, el asunto parece ser aún marginal en la disciplina. Sí es evidente que la mayor parte de la investigación en este sentido se ha realizado desde la traducción literaria, si bien en los últimos años pueden encontrarse estudios en otras subdisciplinas como la traducción audiovisual. En este último caso se trata de algo menor, puesto que no es común retraducir obras audiovisuales, a no ser que se detecten errores en la traducción o que, por algún motivo técnico, sea imposible su reproducción (Chaume, 2007: 50). Chaume (2007: 50; 2018: 13) excluye de este concepto de retraducción a las traducciones intralingüísticas. Para el autor no se considerarían retraducciones las adaptaciones o revisiones a otra variedad lingüística del idioma meta. Este sería el caso, por ejemplo, del redoblaje al español de España que Disney ha realizado de sus películas dobladas anteriormente a la variedad del llamado 'español neutro'.

En este punto es conveniente volver a los términos que mencionábamos al comienzo de este apartado, esto es, 'traducción', 'retraducción', 'revisión' y 'versión'. Llegamos al tercero. En este trabajo, se entiende que la diferencia entre 'retraducción' y 'revisión' recae en la mayor o menor similitud que se pueda detectar con traducciones anteriores. Así, en mi opinión, hablaríamos de 'retraducción' en el caso de una nueva traducción a una variedad del idioma en cuestión, tanto si se ha consultado de forma ocasional alguna anterior como si no. En cambio, una 'revisión' sería un texto que parece revelar un elevado grado de similitud con una traducción anterior o bien aquel en el que parecen haberse modificado o corregido aspectos léxicos o estilísticos de una traducción previa, pero manteniendo la mayor parte de ella.

Sin embargo, es conveniente mencionar que otras investigaciones, centradas en su mayor parte en textos traducidos a una variedad lingüística diferente a la del texto del que parten, han apuntado a algunos factores clave de la revisión intralingüística de traducciones que harían factible considerar algunas revisiones como retraducciones. Uno de ellos es el concepto de 'lecturabilidad' o 'legibilidad'. Desde el punto de vista de la traducción audiovisual, ya estudié este concepto al analizar la adaptación intra-lingüística (de la variedad argentina original a la variedad española) que se realizó en el subtitulado de la película argentina *El secreto de sus ojos* (Jiménez Carra, 2016). Por otro lado, más recientemente, García Jiménez analiza este mismo asunto desde la perspectiva de la traducción literaria y concluye que tres de los motivos para que se produzca una retraducción (el envejecimiento del lenguaje, el hecho de que se quiera crear un nuevo valor o porque se quiera crear una versión más extranjerizante) pueden darse también en el proceso de revisión y consecuente adaptación a otra variedad lingüística de la misma lengua. En este caso, la autora afirma que «las revisiones de traducciones podrían ser consideradas como retraducciones de pleno derecho» (García Jiménez, 2022a: 332). Además, añade que, en su estudio de la traducción de *Sangre española*, de Raymond Chandler, a las variedades argentina y española del español, se dan dos de estos motivos: la creación de valor, al aportar una nueva versión a otra variedad lingüística y, de alguna forma, la extranjerización. En este último caso afirma que, «aunque no se haya buscado explícitamente recurrir al elemento extranjerizante, sí es cierto que con la revisión y adaptación a la variedad lingüística peninsular se ha podido producir un alejamiento de la primera cultura meta, esto es, la argentina» (García Jiménez, 2022a: 332). Concuerdo con la autora en que una traducción a otra variedad lingüística podría considerarse una retraducción de la obra original, en primer lugar, porque las variedades pueden ser muy distintas entre sí (no en vano quienes traducen lo suelen hacer únicamente a su propia variedad) y, en segundo lugar, porque en ocasiones se hacen de forma casi simultánea. De cualquier forma, esta afirmación solo se puede hacer una vez se han analizado textos concretos, como hace García Jiménez en su trabajo. Únicamente estudiando la extensión de la modificación se puede afirmar si hablamos de una retraducción o de una revisión, ya que, en casos en los que ese cambio se limite solo a algunos rasgos definitorios de una variedad lingüística (por ejemplo, cuando se circunscriba a introducir o a quitar el voseo), quizás no podríamos ser tan categóricos.

En relación con lo anterior, y en el caso de la traducción audiovisual, podría darse, de hecho, que haya hasta cuatro primeras traducciones a la misma lengua, en el caso de que las versiones para doblaje y subtitulado de español de España y de español neutro hayan sido realizadas de forma independiente por cuatro personas diferentes y se publiquen a la vez. Por ejemplo, en una de mis últimas publicaciones, en esta misma editorial, analizo el caso de la adaptación que Netflix estrenó en 2022 de la obra de Jane Austen *Persuasion* (Jiménez Carra, 2024). Tras ese análisis, llego a la conclusión de que parece que las versiones subtitulada y doblada al español de España son independientes (son distintas entre ellas y esas diferencias no se deben a las restricciones temporales o espaciales propias de cada modalidad). Por el contrario, las versiones para doblaje y subtitulado al español neutro o «latinoamericano» (como lo denomina Netflix) de la misma película sí son muy similares (Jiménez Carra, 2024: 421). Siguiendo lo comentado anteriormente, las versiones para subtitulado y doblaje españolas, así como una de las versiones al español neutro de esta película, podrían considerarse primeras traducciones (se realizaron en el mismo espacio y tiempo y no parece haber habido contacto entre ellas); sin embargo, otra de las dos versiones latinoamericanas sería una revisión (ya que las modificaciones están motivadas en buena medida por la restricción de la modalidad de traducción audiovisual). Para concretar esto último, habría que determinar qué traducción y para qué modalidad (doblaje o subtitulado) se realizó primero. Actualmente, las plataformas audiovisuales de visionado en línea suelen ofrecer en España dos versiones en español (español de España y el que llaman generalmente «español latinoamericano» y que es el también denominado español neutro) (Jiménez Carra, 2024), lo que, en estos casos, complica aún más poder establecer qué es traducción y qué retraducción o revisión.

La retraducción suele ser recibida de forma positiva, porque puede llevar a más diversidad y a una mayor variedad de interpretaciones del texto origen (Tahir Gürçağlar 2019: 484). Además, para Von Flotow (2019: 182), la retraducción selectiva ha dado como resultado la posibilidad de acceder a diferentes retraducciones de textos antiguos, ya que «old texts are read from new vantage points and translated for new audiences». Esta comparación entre textos antiguos y nuevos solo es posible, claro está, si en las retraducciones se hace referencia a los textos metas anteriores que, en su caso, hayan sido consultados. En la clasificación de traducciones literarias realizada para este trabajo y reflejada en el apartado 3.2. encontraremos que, en casos muy puntuales, se indica que el texto que se publica es una versión revisada, actualizada o una revisión de traducciones antiguas. Esto es, a veces se mencionan dichas traducciones y en otras ocasiones no, aunque este reconocimiento no suele ser el caso mayoritario. Y es que, como ya indicaba Gambier, presentar una obra como «nueva traducción» es mucho más comercial que hacerlo como «traducción revisada» (Zaro Vera, 2007: 29).

En lo que respecta al último concepto que estamos definiendo en este apartado, consideraremos 'versiones' aquellos textos que, aun basándose de alguna forma en las obras originales, crean historias nuevas que, o bien están ambientadas en épocas diferentes, o introducen a otros personajes, o que, simplemente, se inspiran en las historias o en la vida de Austen. También aquellas que están adaptadas a un público infantil o juvenil o a otros formatos, como el de la novela gráfica. Las versiones pueden aparecer tanto en el campo literario como en el audiovisual. El caso de las versiones audiovisuales, que denominaremos 'adaptaciones', se explicará en el capítulo 4.

Capítulo 3
Las traducciones, retraducciones, revisiones y versiones literarias de la obra de Jane Austen en España

3.1.   La traducción de la obra de Jane Austen

Los estudios en torno a la traducción de la obra de Jane Austen son numerosos, si bien no tanto como ocurre con la de otros autores. En combinaciones lingüísticas diferentes al inglés-español, por ejemplo, encontramos estudios sobre las traducciones hacia el alemán (Chambers, 2000; Bautz, 2014 [2007]; Hubmann, 2020; o Espunya, 2023), el holandés (van Woudenberg, 2007), el francés (Cossy, 2010; Dow, 2010; Bour, 2014a [2007], 2014b [2007], 2014c [2007]), el danés (Mortensen, 2014 [2007]), el noruego (Sørbø, 2014 [2007]), el sueco (Claesson Pipping y Wikborg, 2014 [2007]), el finlandés (Valle, 2014 [2007]), el italiano (Battaglia, 2014 [2007]), el griego (Kitsi-Mitakou y Vara, 2014 [2007]), el húngaro (Séllei, 2014 [2007]), el esloveno (Matajc, 2014 [2007]), el polaco (Bystydzieńska, 2014 [2007]), el turco (Tekcan, 2008), el japonés (Hiroshi *et al.*, 2010), o el persa y chino (Irshad y Yasmin, 2022)[1]. En España, también han sido varias las investigaciones en torno a la traducción hacia el catalán. En este caso, encontramos, por ejemplo, las de Alsina (2005, 2008a, 2008b, 2008c) o las incluidas en el número 25 (2018) de la revista *Quaderns. Revista de Traducció* (firmadas por Alsina i Keith, Fontcuberta, Julio y Marco Borillo). Ese número también incluía artículos de personas que habían traducido a Austen al catalán (Dedeu Surribas, Pàmies, Udina y Ventós).

En lo que respecta a la traducción al español, destacan, entre otras, las siguientes investigaciones: Crespo Allué (1978; 1981b); Zaro Vera (2005); Alsina (2008a, 2011); Díaz Bild (2014 [2007]); Jiménez Carra (2007; 2008b; 2015; 2017; 2019; 2022); Herrero López (2018); García Soria (2022; 2023); Espunya (2023); o Riba y Sanmartí (2023).

También pueden encontrarse estudios enmarcados en contextos de formación, especialmente trabajos de fin de grado, sobre todo en los últimos años.

El hecho de que la obra de Austen no gozara de excesivo reconocimiento durante su vida por parte del mundo académico de la cultura origen hizo que tampoco fuera

---

[1]   Es posible que existan estudios realizados en idiomas que desconozco y que por este motivo no se hayan localizado.

reconocida fuera de Inglaterra durante esa época. Según indica Owen (2018: 17): «[her] published works [...] enjoyed minor success in their contemporary period and then essentially fell into oblivion—more or less—for half a century, only to rise again phoenix-like and with great rapidity to the heights of canonical centrality that has admitted of no abatement (quite the opposite, in fact) since the 1870s». De hecho, añade que «the single most significant factor that determined the relative paucity of Austen's translations in Europe throughout the nineteenth century was simply that her own reception within Britain was extremely limited» (Owen, 2018: 22). Ireland atribuye en parte esta inicial falta de éxito al de Walter Scott: «After her death in 1817, Jane Austen's fortunes were largely affected by the overwhelming success of Sir Walter Scott» (2020: 178).

A pesar de ello, entre 1815 y 1824, todas las novelas de Austen fueron traducidas al francés (Chambers, 2000: 231). En el mismo siglo XIX también se publicaron dos traducciones al alemán (Chambers, 2000: 231; Jiménez Carra, 2007: 103; Ireland, 2020: 178). En concreto, *Persuasion* la tradujo W. A. Lindau como *Anna. Ein Familiengemählde* y fue publicada por Kollmann en Leipzig en 1822. *Pride and Prejudice* recibió el título de *Stolz und Vorurteil* y su traducción fue llevada a cabo por Louise Marezoll y publicada por Hartmann en Leipzig en 1830 (Chambers, 2000: 231). También aparecieron tres versiones escandinavas (dos suecas y una danesa): «*Persuasion* appeared in Swedish as *Familjen Elliot* in 1836 and *Emma* in 1857-58. *Pride and Prejudice* was first published in Danish as *Forstand og Hjerte* in 1855-56» (Chambers, 2000: 231).

Como se indicaba en la introducción de este volumen, no fue hasta 1919 cuando se publicó en España la primera traducción de Austen al español. Fue de la novela *Persuasion* y la realizó Manuel Ortega y Gasset. En el caso de otras lenguas, la traducción comenzó más tarde. Por ejemplo, en italiano en 1932 (*Pride and Prejudice* y *Emma*) (Jiménez Carra, 2007: 103) y en turco en la segunda mitad de los años 40 del siglo XX (*Sense and Sensibility* en dos volúmenes) (Tekcan, 2008: s.p.).

Los estudios sobre la traducción de Austen a otras lenguas no hacen más que aumentar la repercusión de la autora y su obra. Algunos, además, han estudiado su recepción en España o en otros países europeos. Por ejemplo, Cossy y Saglia (2005), Mandal y Southam (2014 [2007]), Mandal (2009), o Dow (2013) (Owen, 2018: 19). Las dos primeras publicaciones recogen las traducciones editadas hasta 2005. Es en los datos aportados por Cossy y Saglia, por Mandal y Southam y por Mandal en los que Owen (2018: 19) basa su análisis de la recepción de Austen en Europa. De estos estudios se deduce que la obra traducida en mayor número de ocasiones es *Pride and Prejudice* y la que menos se ha traducido, *Mansfield Park*, lo que concuerda con la popularidad (y falta de ella) de cada una. También se señala el aumento de interés en la traducción de otras obras de Austen que no son las seis novelas (por ejemplo, las obras cortas, incompletas o parte de las de juventud). Esto coincide con la información recabada para España en el apartado 3.2. Añade Owen (2018: 20) que el número total de traducciones de trabajos «menores» supera ya al de traducciones de *Mansfield Park* y que «translation into Mediterranean-Iberian-Romance languages is particularly high, outnumbering that into Germanic languages». Todo ello teniendo en cuenta que los datos en los que se basa son hasta 2005 (Owen, 2018: 20). Como se observará más adelante, en el caso del español se han seguido editando textos hasta 2024. El autor, no obstante, añade que puede que este número no sea representativo porque quizás no refleja el volumen real de traducciones nuevas al español, ya que algunas pueden ser simplemente reediciones de trabajos anteriores (Owen, 2018: 20). Puede que con el término 'reediciones' el autor se refiera a meras publicaciones de traducciones ya editadas previamente o también, por ejemplo, a revisiones de una traducción anterior. En este último caso, los textos a veces se atribuyen a otra persona (que figura como «traductor/a»); en otras ocasiones, sí indican quién revisa (e incluso, de quién es la traducción original); y, otras veces, no figura ningún nombre.

En el apartado 1.2 se han descrito las características principales del estilo de Jane Austen, con una especial atención a los rasgos lingüísticos. Como he explicado, el objetivo de este trabajo, que es traductológico, lleva a centrarse en esas características, que son las que influyen en las elecciones de traducción, dejando en un segundo plano aspectos más relacionados con la filología (por ejemplo, argumentos de las obras, temáticas presentes en ella, desarrollo de personajes, etc.).

Así, esta sección se centrará en la importancia de que esas características lingüísticas del estilo de Austen sean trasladadas a las lenguas meta. Aunque me centraré en el español de España, por ser ese el epicentro de este trabajo, sí mencionaré otros estudios que analizan la traducción de la obra de Jane Austen a otras variedades o lenguas. En investigaciones anteriores ya he analizado diversas traducciones de varias novelas de Austen que serán también mencionadas aquí. De la misma forma, en este apartado se estudiarán los trabajos relativos a traducciones literarias, si bien muchos de los aspectos mencionados deberán también tenerse en cuenta cuando se haga una traducción audiovisual. En el apartado 4.1 volveremos a este último asunto.

De entre los aspectos del estilo de Austen que deben tenerse en cuenta al realizar una traducción hay algunos que comparte con otros autores. Por ejemplo, el hecho de que en su narrativa se empleen vocabulario o expresiones que actualmente se encuentran en desuso o que han cambiado su significado con el paso del tiempo. En este tipo de circunstancias, quien traduce debe ser plenamente consciente de cuáles son esos términos o expresiones, puesto que, por un lado, el registro debería emplear equivalentes en la lengua meta que no resten a la ambientación de la obra (algo que ocurriría, por ejemplo, si se usa un registro excesivamente contemporáneo) y, por otro, el hecho de ignorar que un término ha cambiado su significado y traducirlo por el que tiene actualmente puede resultar en un error de sentido en la traducción. Es de la misma opinión Sørbø (2018: 95), que indica que

> among a translator's needed skills is an ear for stylistic register. It is not only a matter of finding words and phrases with an adequate semantic correspondence to those of the source language, but also those with similar usages and connotations, and expressions fitting the tone of the authorship in question.

La pionera del estudio de la traducción de Jane Austen en España fue María José Crespo Allué, cuya tesis doctoral, de 1981, llevaba por título *La problemática de las versiones españolas de* Persuasión *de Jane Austen. Crítica de su traducción* (1981b). Tres años antes, sin embargo, ya contamos con un artículo suyo que introducía el tema que posteriormente abordaría en su tesis. En este artículo, titulado «Por qué no leemos a Jane Austen (análisis de las traducciones al español de *Persuasión*)», Crespo Allué afirmaba que la autora, de hecho, no se leía en España:

a) La mayoría de la gente en España ni siquiera sabe quién es esta autora.
b) Una minoría la conoce [...], pero la consideran una autora desfasada, cursi, y sin ningún tipo de interés hoy día.
c) Una minoría muy pequeña ha leído a la autora en su lengua original, y entre estos solamente un número mínimo sabe apreciarla debidamente y colocarla en el puesto que merece dentro de la literatura universal. (Crespo Allué, 1978: 226)

La investigadora atribuía este desconocimiento al hecho de que Austen escribía en inglés y afirmaba que «las novelas que resultan de las traducciones al español de sus obras, nunca hubieran podido salir de la pluma de esta autora» (Crespo Allué, 1978: 226). A esto añadía que eran necesarias traducciones «dignas» de su obra. A la fecha de publicación de ese artículo, solo había seis traducciones de *Persuasion*, que era la obra que la autora analizaba, la última de ellas publicada veinte años antes, en 1958. El hecho de que el nombre del traductor solo apareciera en dos ocasiones de seis, algo que, como ya se ha mencionado y como observaremos en el siguiente apartado, no es infrecuente, se trate de la obra de la que se trate, llevaba a Crespo Allué a afirmar lo siguiente: «De los cinco [sic] traductores, solo dos se dignan a darse a conocer, un tercero se oculta pudorosamente bajo las iniciales, un cuarto se ampara tras la editorial, un quinto permanece en el anonimato, y un sexto, por el contrario, se titula revisor literario, aunque no está muy clara la índole de su labor» (Crespo Allué, 1978: 228). Así, la autora parecía asumir en un primer momento que el hecho de que no apareciera el nombre del traductor era decisión de este. De hecho, la propia Crespo Allué indicaba que había editoriales que nunca citaban el nombre del traductor (1978: 232). Posteriormente, afirmaba: «estas seis traducciones podrían reducirse a una traducción y media» (Crespo Allué, 1978: 232), confirmando que, como otros estudios posteriores han demostrado también, en ocasiones, tras ese «anonimato» del traductor, se oculta en realidad el hecho de que esos textos puedan no ser nuevas retraducciones, sino reediciones o revisiones de traducciones anteriores. Es más, Crespo Allué afirmaba: «hemos comprobado estas seis traducciones línea por línea, más aún, palabra por palabra, para afirmar sin temor a equivocarnos, que son un plagio total y absoluto de la [primera] traducción [de Manuel Ortega y Gasset]» (Crespo Allué, 1978: 233). Sin embargo, destacaba que en ellas había modificaciones o rectificaciones, por lo que podemos deducir que en realidad se trataba de revisiones. En su análisis de las seis traducciones, Crespo Allué encontró intervenciones del traductor (muy frecuentes en la primera mitad del siglo XX), omisiones (incluidas las del discurso indirecto libre o la ironía), errores en la traducción de vocabulario o falta de equivalencia de estilo (tanto desde el punto de vista terminológico como sintáctico y de registro, y tanto en la primera traducción, como en las retraducciones/revisiones).

Años más tarde, Zaro Vera (2005) exponía las dificultades que habían surgido en el proceso de su traducción de la novela *Persuasion* que publicó por primera vez la editorial Cátedra en España en 2003, y comparaba sus decisiones con traducciones anteriores de la obra. En concreto, en este artículo, el traductor destaca las fórmulas de tratamiento, el discurso indirecto libre, los tiempos verbales (de entre los que destaca el modal *must*) y los términos abstractos generalmente mal traducidos anteriormente. De este listado se observa que, a excepción de las fórmulas de tratamiento (Zaro Vera menciona el uso de *tú* y *usted* en su traducción), las demás son características lingüísticas del estilo de Austen ya señaladas en el apartado 1.2. En el caso del discurso indirecto libre, el traductor mantiene las comillas cuando las añade Austen, aunque, indica, a veces este recurso es «difícil de interpretar y, por consiguiente, de traducir» (2005: 5), sobre todo cuando este tipo de discurso se alterna con otras formas narrativas. Es precisamente dentro de su uso en el discurso indirecto libre como Zaro Vera analiza la presencia del verbo *must*. Por último, en cuanto a los términos abstractos, el traductor destaca *sensible*, *sense*, *character*, *mind*, *open*, *openness* e *intelligent* (2005: 8). Estos términos, indica, habían sido generalmente mal traducidos en otras versiones, si bien afirma que es imposible determinar una equivalencia perfecta e invariable para ellos, puesto que su traducción depende en ocasiones del contexto en el que se encuentran. En este sentido, menciona el adjetivo *intelligent*: aunque a veces puede traducirse directamente como «inteligente», en otras ocasiones se puede optar (como, de hecho, hizo Zaro Vera), por «significativo» (2005: 9).

Como se ha mencionado en el apartado 1.2, en mi tesis doctoral (2007) analicé tres traducciones españolas de *Pride and Prejudice*. En concreto, fueron las de José Jordán de Urríes y Azara (1924, Madrid, Calpe), Amando Lázaro Ros (1946, Madrid, Aguilar) y José Luis López Muñoz (1996, Madrid, Alianza). Ya se han comentado en ese apartado las características lingüísticas y estilísticas de esta novela, por lo que aquí esbozaré brevemente los rasgos que presentaban las traducciones analizadas. En cuanto al estilo y los términos de especial significación en la obra, la traducción de de Urríes y Azara es imprecisa y en ella encontramos a veces palabras incorrectas; también es más literal que las demás y en ella se trata de evitar cualquier dificultad terminológica, lo que lleva a que a veces se repita la misma traducción para una palabra cuyo significado puede variar según el contexto (Jiménez Carra, 2007: 329). Por su parte, Lázaro Ros interviene en el texto eliminando ciertos términos (como, por ejemplo, la omisión de referencias a «juicio» o «juzgar» cuando en el original aparecen *judge* o *to judge*) (Jiménez Carra, 2007: 330). Tanto de Urríes y Azara como Lázaro Ros tienden a usar la misma traducción para el mismo término, sin tener en cuenta si su sentido cambia en el contexto en el que se use. Sin embargo, López Muñoz suele reflejar el significado de los vocablos originales y, cuando no consigue determinar cuál es la traducción más cercana al texto origen, elige estructuras neutras que no lo desvirtúan (Jiménez Carra, 2007: 330).

En lo que respecta a la caracterización de personajes, los tres traductores consiguen mantener el mismo tono del texto origen.

También en este trabajo se estudiaba la traducción de elementos culturales, como referencias a juegos de cartas, a lugares geográficos o a medios de transporte de la época. Los traductores siguen generalmente tres técnicas: traducción (si hay equivalencia), explicación y préstamo. De Urríes y Azara suele acercarse al texto origen, mientras que Lázaro Ros y López Muñoz aciertan casi siempre en sus traducciones, aunque a veces cometen errores (Jiménez Carra, 2007: 332).

En resumen, de Urríes y Azara usa lenguaje arcaico (lógico, por la época de publicación) y comete errores de traducción, Lázaro Ros introduce elementos coloquiales y muy localizados en el español de España y López Muñoz consigue una redacción más natural en español, es fiel al original y rara vez interviene en el estilo del texto (Jiménez Carra, 2007: 344-346).

En 2007 [2], Díaz Bild establece un listado de razones por las que las traducciones de obras de Austen hasta ese momento no solo modifican el original, sino que lo empeoran. En esta relación incluye el uso de arcaísmos, el empleo incorrecto de expresiones en español, sintaxis impropia del español que hace difícil entender el sentido de las frases, omisión de palabras del original, términos traducidos de forma errónea y modificaciones del original sin razón alguna (Díaz Bild, 2014 [2007]: 192-194).

Por su parte, Alsina (2008a) estudia la traducción del discurso indirecto libre en *Mansfield Park* en dos traducciones españolas (las de Martín, 1995, y Torres Oliver, 1995 [3]), junto con la única traducción al catalán realizada hasta la fecha de su investigación (de Ventós, 1987). En los ejemplos con los que ilustra su trabajo, Alsina muestra cómo la traducción de Martín elimina a veces el discurso indirecto libre, cambiándolo a discurso directo, indirecto o directo libre. Para Alsina, el traductor «parece [no estar] familiarizado con las normas de este modo de representación del discurso» (2008a: 28). La versión de Torres Oliver, sin embargo, parece respetar los distintos discursos del

---

[2]   El trabajo de Díaz Bild se publicó originalmente en 2007, aunque yo he consultado la edición de 2014.

[3]   En Jiménez Carra (2022) analicé estas dos traducciones junto con la de Balil Giró (1954) y su presencia a ambos lados del Atlántico. En ese estudio detecté que la traducción de Martín es muy similar a la Balil Giró. Este trabajo se menciona más adelante en este mismo apartado. Es necesario admitir que existe una enorme dificultad en detectar este tipo de situaciones. En la mayoría de las ocasiones, se llega a las similitudes entre traducciones por casualidad (normalmente, porque se seleccionen dos traducciones y resulte que, al analizarlas, se descubra que una es muy parecida a la otra, como fue mi caso en 2022). O porque se tiene acceso a las traducciones antiguas, como también fue el caso con la traducción de *Mansfield Park* de 1954 (Jiménez Carra, 2022), que me había cedido para ese trabajo el profesor, investigador y traductor Juan Jesús Zaro. Las editoriales no especifican, por norma general, si una traducción está basada en otra. Por tanto, y máxime en el caso de una autora tan extensamente traducida, es muy difícil poder localizar absolutamente todas las retraducciones, revisiones o versiones y compararlas en persona. A veces, incluso comparándolas, no se puede llegar a una conclusión que no admita dudas.

original en algunas ocasiones (no en otras). Alsina (2008a: 27) concreta, además, que este traductor a veces calca el uso de comillas en el discurso indirecto libre, un rasgo ortotipográfico que ya se mencionó incluía a veces Austen en este tipo de discurso.

En 2011, Alsina analiza el discurso indirecto libre en *Persuasion* en dos traducciones: la primera, de Ortega y Gasset (1919), y la de Torres Oliver (1996). En su estudio, concluye que el tratamiento de este recurso suele variar según la fecha de traducción y que con frecuencia se traduce con otros modos de discurso, lo que lleva consigo consecuencias, debido al cambio de punto de vista de personaje a narrador que hace, por ejemplo, que se pueda perder la ironía (2011: 16).

La traducción del léxico empleado por Austen fue el objeto de un estudio que realicé en 2015, en el que seleccioné un número reducido de términos empleados en *Pride and Prejudice* que habían sido previamente analizados en 2007 y en el que amplié el objeto de estudio a las traducciones firmadas por Marta Salís (2012) y José C. Vales (2012). En concreto, los términos eran *abilities*, *accomplishments*, *manners* y *mind*. La diferencia que se encuentra en las versiones de Salís y Vales (algo que también se observaba ya en la de López Muñoz) es que se cuida más el aspecto terminológico y estilístico de la novela (Jiménez Carra, 2015: 8), algo que no se hacía en las primeras traducciones.

También en 2015, Herrero López estudia los componentes de género en tres traducciones de *Northanger Abbey* publicadas en 1945.

Dos años más tarde, en 2017, enfoqué mi estudio de la obra de Austen hacia la variedad lingüística y la neutralidad en la traducción. Este trabajo analizaba la traducción que Delia Pasini realizó en 2009 también de *Pride and Prejudice* y que publicó la editorial Losada en Buenos Aires. El objetivo era determinar si la traductora había incluido elementos lingüísticos propios de la variedad argentina a su traducción o si había mantenido un lenguaje neutro. Algunos otros traductores habían afirmado previamente la tendencia en Argentina a evitar localismos al traducir (Ingberg, 2016; Filsinger Senftleben, comunicación personal, 2017). El estudio se centró en elementos culturales, estructuras y términos clave como *intelligence* o *spirits*. Se determinó que Pasini mantenía la neutralidad en la mayoría de las ocasiones, tanto en el léxico como en la sintaxis. Aun así, sí se detectaron expresiones de uso localizado solo en algunos países de América, como la selección o el descarte de determinadas formas gramaticales o de traducción de léxico.

Por otro lado, más recientemente, Herrero López (2018) ha estudiado cómo se traduce al español la cultura material y social de la época de la Regencia que está presente en la novela inacabada *Sanditon*. La autora estudia cinco traducciones, tres al español de España (Torres Oliver, 1996; Riveira, 2014; Briggent, 2014), una a la variedad argentina (Berti, 2014) y otra a la mexicana (Mares Ochoa, 2012). En este sentido, cabe trasladar aquí lo que afirma la autora (2018: s. p.) al respecto de las versiones de Riveira y Briggent:

> Andrés C. M. Riveira at first self-published his translation of *Sanditon* and *The Watsons*, through the publishing house Bubok, in this year. He connects his translations in his preface with the two-hundredth anniversary of Austen's death in 1817. These two uncompleted

novels are his only translations of Austen, so his experience is quite limited. His *Sanditon* nevertheless became the basis of the most recent edition of *Sanditon* to be published in Spain when Plutón Ediciones reissued it later in 2014. Riveira's translation now found itself published alongside *Lady Susan* and *The Watsons* under the name of Benjamin Briggent, who is also credited with the translations of Austen's six major novels in the same collection. But it is easy to show that Briggent simply reworks Riveira's version, so his extensive translation record before 2014 – which amounts to twenty-five books in four years – is not relevant for present purposes.

Esto es, fue la comparación manual entre las dos traducciones lo que llevó a que Herrero López pudiera afirmar que la traducción firmada por Briggent es una revisión de la de Riveira.

La investigación de esta autora se centra en términos concretos que representan conceptos sociales o culturales de la época y cómo se han trasladado a las traducciones seleccionadas. Nos interesa especialmente su análisis de los significados y las traducciones de vocablos como *genteel* o *gentle*, ya mencionados en el apartado 1.2., expresiones como *gentlemanlike* y otro vocabulario perteneciente, por ejemplo, al campo médico, a los modos de transporte u otros aspectos culturales. La autora detecta omisiones, simplificaciones, un vocabulario demasiado general, errores voluntarios o involuntarios y concluye en la importancia de la documentación. Herrero López afirma que la versión de Torres Oliver es la más cuidada y respetuosa. A esta conclusión también llegan otros estudios que analizan la traducción de *Mansfield Park* realizada por este traductor en 1995 (Alsina, 2008a; Jiménez Carra, 2022).

Julio (2018) estudia la labor de Irene Polo, que tradujo la versión de *Pride and Prejudice* al español que, en 1940, publicó en Argentina la editorial Juventud Argentina. Según Julio (2018: 91, 94), Polo parece traducir partiendo de una versión francesa, esto es, se trataría en ese caso de una traducción indirecta. Traduce los nombres propios de los personajes (algo común en la época) y a veces no respeta el original y tiende a simplificar (2018: 93). En este artículo, Julio también revela que el texto de Polo ha sido usado por la editorial Juventud posteriormente en varias ocasiones y sin nombrarla a ella (2018: 94-96). Incluso, también indica que esa misma editorial lo ha atribuido después a Fernando Durán. Se trata de la misma versión que se sigue publicando actualmente en esta editorial y con la autoría de Fernando Durán (Julio, 2018: 96).

En el apartado 1.2. he mencionado, desde el punto de vista del análisis del texto origen, un estudio que realicé en 2019 sobre la caracterización de personajes a través del discurso. Comentaré aquí sus hallazgos en lo que respecta a la traducción. En ese trabajo me centré en los idiolectos de Mrs. Bennet y Lydia Bennet y seleccioné tres traducciones de *Pride and Prejudice*: la de María Antonia Ibáñez (1987), la de Patricia Franco Lommers (2002) y la de Delia Pasini (2009, en variedad de español de Argentina, mencionada anteriormente). Las tres trasladan apropiadamente los idiolectos de los dos personajes. En el caso de las dos primeras, son los más similares entre sí. Sin embargo, si bien en la traducción de Ibáñez se observa antigüedad en el uso de la lengua (algo lógico por la fecha de publicación), la de Franco Lommers es más natural, no solo por su elección de léxico sino también por la omisión de repeticiones innecesarias. En cuanto a la traducción de Pasini[4], resulta ser la más literal. Tiende a no alejarse mucho del inglés y mantiene estructuras prácticamente iguales al original. Por tanto, hay excesivas repeticiones, exclamaciones y adverbios (Jiménez Carra, 2019).

En un estudio realizado en 2021, Martínez López analiza 11 fragmentos de conversación extraídos de *Pride and Prejudice* (en concreto, peticiones) desde la perspectiva de la teoría de la cortesía de Brown y Levinson. Utiliza para su análisis contrastivo la traducción de Ana María Rodríguez, que la autora fecha en 2018 aunque se publicó por primera vez en 1997, como se observa en la clasificación del apartado 3.2. García Soria (2023) afirma que esta traducción está basada en la de de Urríes y Azara. En su trabajo, Martínez López (2021: 60) muestra las diferencias y similitudes entre inglés y español y la importancia de la elección de determinadas estructuras o palabras en el plano literario. Concluye que usar la teoría de la cortesía para este análisis, «has enabled us to find further empirical support to demonstrate that *language is the basis of not only verbal but also of the cognitive processes underlying the production and interpretation of meaning*: we build words from thoughts in the same way we build thoughts from words» (Martínez López, 2021: 80 —la cursiva es mía—). Esto resulta especialmente interesante, puesto que incide en que el lenguaje no solo influye en cómo se interpreta el texto origen, sino también en cómo se traslada esa interpretación a otra lengua. Además, el uso de la teoría de la cortesía en la investigación también puede ayudar a determinar cómo se percibe la caracterización de los personajes tanto en el original como en la traducción (Jiménez Carra, 2023).

En 2022, estudié la presencia en España y Latinoamérica de traducciones firmadas por dos traductores españoles: Miguel Martín (1995) y Francisco Torres Oliver (1995). En concreto, me centré en la lengua de traducción de *Mansfield Park* en estos dos textos en comparación con la traducción de José María Balil Giró, que fue la segunda versión española de la obra y que se había publicado en el año 1954. Tras descubrir durante el transcurso de esa investigación que las traducciones de Balil Giró y de Martín guardaban muchas similitudes, consideré la de Martín como una revisión en lugar de una retraducción y agrupé ambas para compararlas con la de Torres Oliver. También analicé la reedición de 2015 de la traducción de Martín, lo que arrojó como resultado que se trataba una revisión destinada a facilitar la lectura. El objetivo de este estudio era poder determinar por qué la política de traducción que se había llevado a cabo había hecho que estas traducciones españolas de 1995 fueran las más publicadas en Latinoamérica. Algunos motivos podían ser comerciales (facilidad de publicación, presencia de la

---

[4] Como se indicará en el apartado 3.2.2., García Soria (2023) sospecha que Pasini usó la traducción de Ibáñez para realizar la suya y afirma que es una revisión: «Pasini's is indeed a revision and improvement». Sin embargo, tras haber analizado ambas en 2019, yo no puedo afirmar tal extremo.

editorial en ese país, buena recepción previa en España, etc.) o lingüísticos (porque la traducción no estuviera excesivamente marcada con rasgos de la variedad de España) (Jiménez Carra, 2022: 463). Tras un análisis de los catálogos de las principales bibliotecas de todos los países hispanohablantes de América (lo que constató la falta de información acerca de los traductores en muchos de ellos), se determinó que la traducción firmada por Martín estaba presente de forma mayoritaria, seguida, a cierta distancia, por la de Torres Oliver.

En cuanto a la lengua de traducción, se analizaron las fórmulas de tratamiento, la sintaxis de Austen, a veces hiperbólica, y el léxico. El estudio detectó que el lenguaje usado por Torres Oliver era más moderno que el de las versiones de Balil Giró y Martín, lo que ponía en duda que la lengua de traducción fuera el motivo para que esta última fuera la más publicada en América. Probablemente fueran las políticas editoriales las que guiaron la elección de una traducción sobre otra para su presencia en otros países hispanohablantes.

La traducción de *Mansfield Park* también fue estudiada por Espunya en 2023. En su trabajo, la autora aplica el enfoque analítico integrativo de los *Narrative Report of Speech Acts* al texto origen y a dos grupos de traducciones de esta obra al español (las de Martín, 1995, y Torres Oliver, 1995, aunque cita la edición de 1997) y al alemán (de Christian y Ursula Grawe, 1984/2010, y Meyer, 1989/2010). El análisis comprende dos niveles del discurso: el del narrador y el del personaje.

A continuación, se resumen algunas de las investigaciones realizadas en torno a la traducción de la obra de Austen a otras lenguas diferentes del español. No se recogen aquí obras que sí se citaron en el listado que hay al inicio de este apartado, pero que únicamente se centran en la recepción literaria en otros países.

En general, en lo que respecta a Europa, Owen (2018: 25) indica que, actualmente, «a profoundly different approach to the nature of translation has resulted in texts that are no longer little more than adaptations, and that seek to convey with linguistic precision and rhetorical fidelity the particularities of Austen's writing». Algo que era más complicado en las primeras traducciones, como demuestran los estudios apenas mencionados. Hoy día, «this translation activity would now appear to accept as a basic working principle that the essence of Austen's style needs to be recreated if the resulting translation is to serve as a valid transmitter of the author's text» (Owen, 2018: 26).

Se han dividido las investigaciones consultadas según la lengua meta que analizan: alemán, catalán, finlandés, francés, italiano, noruego, polaco, sueco y turco.

Alemán

En el año 2000, Chambers estudió las dos primeras traducciones que se realizaron de *Persuasion* (1822, de W. A. Lindau) y de *Pride and Prejudice* (realizada por Louise Marezoll en 1830). Ya se han mencionado estas dos traducciones anteriormente en este mismo epígrafe. Según concluía, la traducción de Lindau es domesticadora y modifica los nombres propios de los personajes adaptándolos al alemán (Anne es Anna, Frederick es Friedrich e incluso Jane Austen es Johanna Austen) (Chambers, 2000: 233). Una de las conclusiones más interesantes de este trabajo es el modo en el que la forma de traducir el texto hace que pueda perderse la ironía del original. Así, Chambers (2000: 233) afirmaba:

> Although Lindau is alive to the irony in the text and often preserves the tone well [...], there is none the less [sic] a significant number of passages where he renders the sense, but loses the tone or changes the emphasis of the original. These losses take a variety of forms. Some arise from a failure to let the discourse speak for itself; some from shifting the subject of a sentence between the personal and impersonal; some from smoothing out and watering down; some from simplification and omission; many from the suppression of precise references to time and more importantly place. In places too there is a more intrusive authorial voice, and Lindau's version is on occasion more discursive and explanatory than the original.

Por su parte, la traducción de Marezoll parece ser bastante libre, lo que hace que reescriba diálogos y los resuma. Como indicaba Chambers, esto supone una enorme pérdida:

> In the case of Elizabeth, *by losing her spoken words we lose the sense of her energy, intelligence and control, as well as numerous insights into her feelings as they develop. In the case of Mr. Bennet what is lost is a differentiated sense of his character, the full picture of his strengths and shortcomings, and in Mrs. Bennet's case the full outrageousness of her character is considerably diminished* (Chambers, 2000: 240 —la cursiva es mía—).

Esto es, la intervención que la traductora hace en los diálogos, que Austen usaba para caracterizar personajes, lleva consigo que quien lee esta obra en alemán no identifique a estos de la misma forma que quien la lee en inglés.

Otro estudio realizado en la combinación inglés-alemán es el de Bautz (2014 [2007]: 111-113), que también analiza las traducciones de Austen a esa lengua y compara las realizadas en las dos Alemanias antes de la Reunificación, así como en la Alemania resultante después de esta.

Catalán

En lo que respecta al catalán, Alsina (2008b) analiza las primeras traducciones de Jane Austen desde el punto de vista de sus traductores y de la situación de la traducción en Cataluña. En concreto, menciona las siguientes traducciones: *Orgull i prejudici*, de 1985 y realizada por Eulàlia Presas; *Persuasió*, de 1988, por Jordi Arbonès; *Mansfield Park*, de 1990, traducida por M. Dolors Ventós; *L'abadia de Northanger*, de 1991, también por Jordi Arbonès; *Emma*, aparecida en 1997 y traducida por Josep Ferrer i Costa; *Seny i sentiment*, publicada en 2004 y realizada por Xavier Pàmies; y *Amor i amistat* y *Les tres germanes*, que firma en 2007 Dolors Udina.

En el año 2018, la revista *Quaderns. Revista de Traducció* publicó una serie de artículos, ya mencionados, sobre la traducción de la obra de Jane Austen al catalán o realizada por traductores catalanes. En este número se encuentra el trabajo de Julio mencionado anteriormente. En su estudio, Alsina i Keith (2018) recopila las traducciones al catalán y analiza someramente cada una. Se trata de las dos versiones que hay de *Pride and Prejudice* al catalán (Presas, 1985 y Trias, 2010); *Northanger Abbey* (Arbonès, 1991), *Persuasion* (Arbonès, 1988), *Mansfield Park* (Ventós, 1990), *Sense and Sensibility* (Pàmies, 2004), *Emma* (Dedeu, 2014) y otras obras como *Love and Friendship* (Udina, 2007) y *Lady Susan* (Dedeu, 2014). Por su parte, Fontcuberta (2018) se centra en cómo Eulàlia Presas tradujo *Pride and Prejudice*. Estudia aspectos como fórmulas de tratamiento, referentes culturales, lugares, medios de transporte o juegos de carta. También analiza léxico concreto y cómo se ha traducido. Así, selecciona *abilities, accomplishments, mind, understanding, intelligence, judgment, genius, character, temper, sense, sensible* y *genteel*. De su análisis, Fontcuberta determina que Presas tiende a mantener cercanía con el original en lo que respecta a los referentes culturales o los títulos de cortesía. Además, y esto es muy interesante: salvo algún error, suele trasladar de forma correcta el significado de los términos claves, y adapta su traducción en función del contexto y del cambio de significado que hayan sufrido por el paso del tiempo (Fontcuberta, 2018: 68).

Por su parte, Marco Borillo (2018) dedica su artículo a analizar los patrones sintácticos de las dos novelas traducidas por Jordi Arbonès (esto es, *Persuasion*, en 1988, y *Northanger Abbey*, en 1991). Marco Borillo concluye con que Arbonès era consciente de la importancia que tenía la sintaxis en el estilo.

Además de estas investigaciones, en el mismo número de *Quaderns* encontramos otros artículos firmados por traductores mencionados por Alsina i Keith (2018), de los que, por la relevancia de su contenido para este trabajo, destacamos a Ventós, Pàmies y Dedeu Surribas.

Ventós, que tradujo *Mansfield Park* en 1990, destaca de esta obra el lenguaje, el registro, las formas de tratamiento y a los personajes, sobre todo los femeninos. Por su parte, Pàmies (2018), traductor de *Sense and Sensibility*, comienza explicando su elección para el título (la traducción del título de esta obra se tratará precisamente en el apartado 3.2.1). El traductor destaca el registro formal que Austen usa tanto en la narración como en los diálogos y también la caracterización de los personajes a través de su discurso. Por otro lado, hace referencia a las descripciones de paisajes y de viviendas, que, indica, están vinculadas a estados anímicos. Estos también se expresan por medio de los diálogos y de los gestos, los silencios o las miradas. Todo ello debe ser tenido en cuenta cuando se traduce (Pàmies, 2018: 107-108). Por último, al igual que otros traductores e investigadores, Pàmies también destaca, en primer lugar, algunos términos propios del estilo de Austen (en concreto, se centra en *amiable, agreeable* o *pleasant*), así como la existencia de palabras o expresiones que pueden haber cambiado su significado con respecto al que tienen hoy día, algo que se debe tener en cuenta igualmente en la traducción.

Por último, Dedeu Surribas (2018), traductora de *Emma* al catalán en 2014, explica el concepto de *gentleman* y las expresiones o términos asociados a él en esa obra, como *manner(s)*, *sense* o *true gentility*, según aparecen en una de las discusiones que tienen los protagonistas, Emma y Mr. Knightley. Sus elecciones como traductora se basaron en la posición moral de cada uno y su visión del «*gentleman* ideal».

Finlandés

En su estudio de traducciones al finlandés, Valle (2014 [2007]) analiza la traducción de los términos *proper* y *propriety* en *Emma* y destaca que todos los primeros traductores son profesionales. La primera versión a este idioma se publicó en 1922 y fue de *Pride and Prejudice*.

Francés

Con respecto al francés, Bour (2014a [2007]) explica que, en las primeras traducciones (1813-1828) se detectan omisiones de información, omisiones de discurso indirecto libre, algo de censura, amplificaciones, explicitaciones y algunas elecciones léxicas cuestionables en términos como *sensibility*, *sympathy*, *sense* o *sensible*. La misma autora (2014c [2007]) indica que, en las traducciones a la misma lengua publicadas entre 1901 y 2004, se pueden apreciar mejores textos, con un mayor cuidado en la elección léxica, de registro o de sintaxis. Bour hace también mención a la traducción del título *Sense and Sensibility*.

Por su parte, Valérie Cossy (2010) investiga la recepción de Austen en francés que, al menos a fecha de redacción de su artículo, no resulta ser muy positiva:

> In the English-speaking world, Austen is simultaneously a canonical and a popular author, a master ironist and an innovative novelist, something like a national monument with a global recognition. In the French-speaking world, she is mainly known as a sentimentalist and, consequently, as a minor popular author, one of those «romancières anglaises» usually regarded as outlandish curiosities by French reviewers. Apart from a few academics in English departments, nobody takes Austen seriously because nobody is aware of her status in the canon of English literature, and people tend to be rather sorry for you when they learn you are devoting your research to her novels (Cossy, 2010: s.p.).

Cossy achaca esta imagen a la calidad de las primeras traducciones. Explica que, en ese momento (2010), las obras de Austen estaban publicadas en dos colecciones muy distintas: La Pléiade (prestigiosa y respetuosa con la traducción) y Archipoche («characterized by a completely opportunistic and mercenary exploitation of titles and authors' names, often those made famous by film adaptations» [Cossy, 2010: s.p.]). En su estudio, deduce que la traducción de *Sense and Sensibility* realizada por Pierre Goubert para La Pléiade omite repeticiones que Austen incluía conscientemente en alguno de sus párrafos, eliminando de esta forma el énfasis; el traductor también comete errores de género en la traducción de algunos pronombres que hacen referencias a mujeres en el original y a hombres en la traducción; Cossy también estudia el uso del tratamiento y la traducción de *you*. En cuanto a la reedición de Archipoche de la primera traducción de *Sense and*

Sensibility realizada por Montolieu, Cossy explica que hay numerosas intervenciones de la traductora en el estilo y en el argumento, sin que la editorial advierta sobre ello.

Italiano

En lo que respecta a la traducción al italiano, Battaglia (2014 [2007]: 291) expone la dificultad que supone traducir el lenguaje dramático del inglés al italiano:

> If we share Cecchi's opinion that Austen's 'natural voice' [...] is dialogic, then translation from a dramatic language like English into Italian —a language that is by nature literary and less suggestive of gesture and intonation— is anything but an easy task. The translator needs a dramatic ear and instinct, a good knowledge of Italian registers, as well as a sophisticated command of syntax and lexicon.

Battaglia estudia la traducción de *Emma* realizada por Praz (1951), que se considera una de las mejores al italiano, y encuentra que se usa lenguaje obsoleto y lleno de anglicismos, no solo léxicos sino también sintácticos (Battaglia, 2014 [2007]: 219). Esa tendencia a copiar los anglicismos de la sintaxis también está presente, según la autora, en la que era la última traducción de la novela en el momento de redacción de su capítulo (Battaglia, 2014 [2007]: 220).

Noruego

En cuanto al noruego, Sørbø (2018) estudia traducciones de obras de Jane Austen a este idioma y establece omisiones, adiciones, domesticaciones o extranjerizaciones en esos textos, además de cambios en el estilo. Un ejemplo muy relevante es el que encuentra en una traducción de 1972 de *Pride and Prejudice*:

> «They understood each other and both were good people» does not sound much like Jane Austen's narrative voice, and, indeed, it is not. [...] She wrote: «they had for basis the excellent understanding and super-excellent disposition of Jane, and a general similarity of feeling and taste between her and himself» (347-48). The inner core of meaning may be the same, but stylistically, the difference is great (Sørbø, 2018: 95).

Unos años antes, Sørbø (2014 [2007]) también mencionaba, en un estudio sobre diferentes traducciones al noruego, que había detectado simplificaciones, omisiones de sentimientos (o, por el contrario, exageración de estos) o diferentes versiones para términos arcaicos del inglés.

Polaco

Bystydzieńska (2014 [2007] encuentra también, en su estudio de traducciones al polaco, técnicas y estrategias similares a las que detectan otros investigadores con respecto a otras lenguas. Algunas de ellas son explicaciones adicionales, omisiones, coloquialismos o modificaciones en la caracterización de personajes como consecuencia de usar lenguaje más vulgar o exagerado que en el texto original.

Sueco

Por su parte, Claesson Pipping y Wikborg (2014 [2007]) explican que, entre las traducciones al sueco que analizan, se detecta alguna traducción indirecta (con el francés como lengua intermedia), así como omisiones o cambios en la caracterización de personajes: «["Mr. Knightley's] cheerful manner" becomes "a kindly patience"» (2014 [2007]: 157). Sí destacan que las versiones del siglo xx y xxi no suelen añadir ni omitir información.

Turco

En un estudio sobre la presencia de la obra de Austen en Turquía, Tekcan (2008) explica que la forma en la que Austen se tradujo al turco refleja el momento cultural específico de la vida y la literatura en Turquía. De hecho, explica:

> In particular, whether Austen was interpreted as serious and cerebral, romantic, or witty and ironical seems to shift from generation to generation among her Turkish translators. Only very recently have translations of Austen begun to be able to combine these aspects of Austen's approach rather than treat them as mutually exclusive (Tekcan, 2008: s.p.).

Las primeras novelas de Austen se tradujeron al turco en los años 40 del siglo xx y fueron *Sense and Sensibility* (*Sağduyu ve Duyarlık*) en dos volúmenes, publicados en 1946 y 1948 en traducción de Vecahat Güray, y *Pride and Prejudice*, también en dos volúmenes (1950 y 1951, con el título equivalente *Gurur ve Aşk —Pride and Love—*), y traducidos por Beria Okan Özoran. Sin embargo, Tekcan indica que la traducción que realmente tuvo impacto en la sociedad turca fue la de Nihal Yeğinobalı, llamada *Aşk ve Gurur* (literalmente *Love and Pride*, en lugar de *Pride and Prejudice*) (Tekcan, 2008: s.p.). Tekcan señala que, en esta última traducción, Yeğinobalı interviene añadiendo palabras, frases o estructuras. También destaca que la estructura del turco hace que mantener la ironía sea difícil para los traductores.

El análisis que se ha presentado en este apartado, en el que se han resumido investigaciones que desde los estudios de traducción se han llevado a cabo analizando la traducción de la obra de Austen al español y a otras lenguas (además de algunos trabajos firmados por traductores de la autora), revela que, en general, todos destacan aspectos muy similares. El estilo de Austen, que se describía en el apartado 1.2, es algo que quien traduce debe tener en cuenta. En general, se pueden observar similitudes en los resultados que arrojan las investigaciones desde una perspectiva lingüística. En ellas se analizan sobre todo la traducción del lenguaje (términos, sintaxis o fórmulas de tratamiento) y de los referentes culturales (juegos de cartas, medios de transporte, etc.). Otro aspecto relevante es que muchos investigadores y traductores destacan la importancia de los términos con especial significado en la obra de Austen (las *keywords* de Page [1972: 76]).

Por otro lado, es común la detección de lenguaje arcaico cuanto más antigua es la traducción estudiada; por el contrario, las nuevas traducciones tienden a usar una lengua más actual, si bien a veces se mantienen elementos léxicos en desuso para evitar un estilo demasiado contemporáneo. Las técnicas detectadas en las traducciones se restringen también a un grupo concreto (por lo general, repeticiones, simplificaciones, omisiones, errores en la traducción de términos e intervenciones de quien traduce), aunque las intervenciones, omisiones y errores también suelen ser más frecuentes en traducciones antiguas o en revisiones de estas. Sí es bastante evidente que hay menos intervención cuanto más moderna es la traducción, algo que es fruto, sin duda, de la norma actual. Lógicamente no podemos perder de vista la falta de recursos (y de formación en traducción) que podían tener los primeros traductores, por lo que sería injusto obviar esta circunstancia.

3.2. **Estado de la cuestión y clasificación**

A fecha del final de la redacción de esta monografía, el catálogo de la BNE recoge un total de 471 entradas que cumplen los criterios de búsqueda necesarios para realizar la clasificación que se presenta aquí (esto es, principalmente, traducciones al español de obras de Austen o de versiones). En su gran mayoría, se trata de traducciones de novelas, si bien encontramos algunas versiones libres, como se explicará en el apartado 3.2.8. También se recogen adaptaciones o versiones audiovisuales, aunque en un menor número. Estas se mencionarán en el siguiente capítulo.

Para realizar el análisis se ha tomado nota, en primer lugar, de la información más relevante contenida en esas entradas. En el caso de las traducciones literarias se han registrado los siguientes datos: título de la obra en inglés, título de la obra en español, editorial, lugar de publicación, nombre de quien figura como traductor o traductora, año de publicación, ISBN, enlace directo al registro en el catálogo, comentarios añadidos por la BNE en su registro y comentarios propios. Estos datos me han permitido conocer las traducciones que se conservan en la BNE y que, por tanto, recoge su catálogo. En este análisis también se añadirán algunas traducciones citadas en otros estudios; sin embargo, será la BNE la fuente principal. Adicionalmente, he realizado también una visita a la sede de la Biblioteca en Madrid, donde he consultado en persona un total de 43 volúmenes. Es conveniente especificar que a lo largo de cada subapartado puede mencionarse un número mayor de textos en español de cada obra de los presentes en la BNE. Esto es así porque, como acabo de mencionar, algunos se han localizado por otros medios. Se especificará, en todos los casos, de dónde proviene la información.

A partir de todos estos datos, podemos determinar el número de veces que una obra ha sido retraducida en España, y establecer cuáles son traducciones, retraducciones, reediciones, versiones o cuáles se pueden considerar revisiones a los efectos de este trabajo. No obstante, la falta de información que a veces existe en torno a quién ha realizado una traducción puede hacer difícil concluir qué es retraducción (esto es, nueva traducción) y qué podría ser, en realidad, revisión.

A continuación, se presenta el resultado del análisis de los datos, clasificados por novelas completas, otras obras (novelas cortas, novelas incompletas o *juvenilia*) y versiones.

En cada obra, y a no ser que se indique lo contrario, serán consideradas retraducciones todas las traducciones publicadas después de la primera.

3.2.1. Sense and Sensibility

En la BNE se recogen 77 registros para *Sense and Sensibility*. En estos registros, encontramos cuatro títulos diferentes:

- *Hacia la dicha por la senda del amor* (1 registro);
- *Juicio y sentimiento* (10 registros);
- *Sensatez y sentimiento* (5 registros);
- *Sensatez y sentimientos* (2 registros);
- *Sentido y sensibilidad* (59 registros)[5].

Aquí se incluyen tanto las ediciones y reediciones que recogen la novela en solitario, como las que la incluyen en volúmenes conjuntos con otras obras, así como las versiones juveniles o en formato cómic, que se recogerán en el apartado 3.2.8.

Así, es evidente que la traducción más repetida para el título de esta novela es *Sentido y sensibilidad*, aunque, en mi opinión, no es la más adecuada. Las definiciones para el sustantivo *sense* que proporciona el Oxford Learners Dictionary, y que son relevantes en este contexto, son las siguientes: «(1) an understanding about something; an ability to judge something; [...] (2) good understanding and judgement; knowledge of what is sensible or practical behaviour». Por su parte, el Cambridge Dictionary define *sense* como «the characteristic of having good judgment, especially when it is based on practical ideas or understanding». La traducción «sentido» puede ser aplicable en este contexto, según su acepción 5 del DLE, «capacidad de entender, apreciar o juzgar algo». Los sinónimos que aporta el DLE son «criterio», «juicio» o «discernimiento». Por tanto, las otras dos opciones para *sense* que proporcionan los títulos (esto es, «juicio» y «sensatez») también son correctas. Sin embargo, en mi opinión, son estos dos últimos significados los que más se acercan al argumento de la novela.

Mayor problema se encuentra en la traducción de *sensibility* como «sensibilidad». El Cambridge Dictionary define el sustantivo como «an understanding of or an ability to decide about what is good or valuable, especially in connections with artistic or social activities». Por su parte, el Oxford English Dictionary, en su segunda acepción, lo define como «(2) Power of sensation or perception [...]; (3) Mental perception, awareness of something; [...] (5) Quickness and acuteness of apprehension or feeling; the quality of being easily and strongly affected by emotional influences, sensitiveness». Se trata

---

[5] García Soria (2022) menciona la existencia de una edición chilena de 1996 cuyo título es *Sensatez y sensibilidad*, publicación que no está recogida en el catálogo de la BNE. No obstante, recordemos que las ediciones o traducciones de otros países de habla hispana no son el objeto específico de este estado de la cuestión. Para ello, se recomienda consultar a García Soria (2022).

esta de una de las llamadas «palabras clave» o *keywords* de la obra de Austen (Page, 1972: 76), que Johnson (1983 [1755]) definía como «quickness of sensation; quickness of perception». Según Phillips (1970: 38), *sensibility* «denotes a more than ordinary responsiveness, whether to nature, or to the arts, or to human feelings».

La traducción de este término en la mayoría de los títulos es «sensibilidad», vocablo que el DLE define como «1. Facultad de sentir [...]; 2. Cualidad de sensible [...]; 3. Manera peculiar de sentir o pensar [...]».

Uno de los traductores de la obra que nos ocupa, Luis Magrinyà, explica de forma muy clarificadora su elección de *Juicio y sentimiento* para el título:

> «Sentido y sensibilidad» es, perdónenme, un disparate. Es un calco automático, hecho sin pensar. ¿Qué significa 'sentido' ahí? Nunca se dice de alguien que «tiene sentido»; puede decirse de cosas, para expresar que algo no es absurdo; pero jamás se aplica a personas: en todo caso se diría «buen sentido». *Juicio y sentimiento* era ya un título de una traducción de los años 40 y me pareció muy ajustado; [...]. Ahí la polisemia de 'juicio' queda inmediatamente resuelta por oposición a 'sentimiento': nadie piensa que nos referimos a un 'juicio' penal. En cuanto a 'sentimiento', en español desde el siglo XVIII a la sensibilidad del corazón, a la que hace referencia el título, siempre se ha llamado 'sentimiento' (Magrinyà en Bermejo y Bernardo, 2011: 50).

Así, serían las elecciones menos frecuentes (*Juicio y sentimiento; Sensatez y sentimiento(s)*) las más cercanas al significado del título original. Es justificable, no obstante, el mantenimiento de la traducción más común (esto es, *Sentido y sensibilidad*), quizás ante el temor de que el público no identifique la novela de Austen si esta lleva un título diferente. Sin embargo, esto no ha sido obstáculo para que una de las últimas traducciones publicadas hasta ahora, en el año 2023, firmada por Núria Molines Galarza y publicada por Ediciones Invisibles (Barcelona), haya sido llamada, de hecho, *Sensatez y sentimiento*.

Una vez analizados los títulos, examinaremos los datos recabados en la BNE en cuanto a traducciones, retraducciones y reediciones de esta obra. A no ser que se especifique lo contrario, las versiones mencionadas se titularán *Sentido y sensibilidad*.

La primera traducción al español de *Sense and Sensibility* la publicó la editorial Nausica en Barcelona, en el año 1942, con el título *Juicio y sentimiento*. La realizó María Teresa Moré. Es, precisamente, la traducción a la que hacía referencia Magrinyà en la cita anterior. Ha sido reeditada, según los datos de la BNE, en los años 2010 y 2014 (por Biblok, en Barcelona).

En 1946, Reguera publica una traducción llamada *Cordura y sensibilidad* y firmada por Fernando Durán. Este título es calificado por Magrinyà «como de monja» (Bermejo y Bernardo, 2011: 50). No encontramos registro de este texto en el catálogo de la BNE.

La siguiente versión que recoge la Biblioteca es la que publica, en 1965, sin nombre de traductor/a, la Revista Literaria «Novelas y Cuentos» en Madrid. Se titula *Hacia la dicha por la senda del amor*. En las otras ocasiones en las que esta revista publica obras de Austen (*Orgullo y prejuicio*, *La abadía de Northanger* y *Persuasión*), como veremos más adelante, el análisis revela que parecen ser revisiones.

En 1993, la editorial Rialp en Madrid publica la versión que realiza y prologa Luis Magrinyà. Ha sido reeditada en ocho ocasiones con el título *Juicio y sentimiento* (1995, 1996, 2006, 2007, 2009, 2011, 2012 y 2017). Estas reediciones las han publicado Ediciones B (Barcelona, 1995), Círculo de Lectores (Barcelona, 1996, 2007 y 2009) y Alba (Barcelona, 2006, 2011, 2012 y 2017). Sin embargo, no siempre ha tenido el título de la primera traducción. De hecho, *Sentido y sensibilidad* aparece en otras ocho reediciones de Magrinyà, algunas dentro del mismo año, pero publicadas por diferentes editoriales: Ediciones B (Barcelona, 1996 y 1997), RBA (Barcelona, 1996, 1997 —en dos ocasiones, una de ellas en edición especial para Pryca—, y 2003) y Suma de Letras (Madrid, 2001 y 2002).

En 1996 encontramos un registro de una traducción publicada por la editorial Orbis en Barcelona. En el catálogo de la BNE no figura el nombre de quien traduce, pero García Soria (2022) atribuye el texto a Adelaida Montenegro.

También en 1996 se publicó la traducción de Ana María Rodríguez, otra de las versiones al español más reeditadas. Lo hizo Plaza & Janés (Barcelona), en dos formatos: uno con 311 páginas (22 cm) y otro con 368 páginas (18 cm). Ambas versiones se consideran primera edición en la BNE. Esta obra ha sido reeditada 19 veces: 1997, 1998, 1999 (en tres ocasiones), 2000, 2003, 2004, 2008, 2009, 2010, 2013 (en dos ocasiones), 2015 (en tres ocasiones), 2017 y 2020 (en dos ocasiones). Hasta 1999 la publicó Plaza & Janés (en este año, una de ellas en edición especial para Herbíssimo y otra con diferente portada). Posteriormente, se ha editado en las siguientes casas: Debolsillo (Barcelona, 2000, 2003, 2004, 2009, 2013 —dos veces, y una de ellas en un volumen conjunto con la novela *Women in Love*, de D. H. Lawrence, traducida como *Mujeres enamoradas* por Andrés Bosch—); RBA (Barcelona, 2008, 2010 y 2020 —esta última en RBA Coleccionables—); Penguin Clásicos (Barcelona, 2015 —en tres ocasiones, una de ellas en línea y otra como edición conmemorativa del bicentenario de la publicación original— y 2017). Por último, Alfaguara ha vuelto a publicar esta traducción en 2020 en Barcelona, con ilustraciones de María Hesse. García Soria (2022) afirma que el texto atribuido a Rodríguez está basado en la traducción de Moré (1942) y que en él se modernizaron el vocabulario y la sintaxis.

No es hasta el año 2000 cuando encontramos una nueva retraducción, firmada por Paulina Matta. La edita Andrés Bello en Barcelona dos veces el mismo año, con diferente ISBN y título (*Sensatez y sentimientos* y *Sentido y sensibilidad*), pero con el mismo tamaño y número de páginas. La traductora es chilena.

En 2002 se publica la traducción de Clara Ituero Herrero, en un volumen conjunto con *Orgullo y prejuicio*, traducida esta última por Patricia Franco Lommers. El libro lo edita Edimat en Arganda del Rey (Madrid) e incluye una introducción sin firmar. La misma editorial ha reeditado cuatro veces esta versión: en 2005 (con introducción de Ivana Mollo), 2012, 2013 y 2014. Es de destacar que la BNE recoge otras cuatro traducciones de Edimat. La primera está publicada en 2002. En ella no se recoge el nombre de quien traduce, pero, al comprobarla, he detectado que sigue siendo la traducción de Ituero Herrero, aunque sin las notas que sí aparecían en el volumen conjunto apenas mencionado. Edimat también la reedita en 2012 (junto con *Orgullo y prejuicio*, que tampoco se atribuye a nadie), en 2016 (sin nombre de traductor/a y en un volumen con *Little Women* y *Madame Bovary*) y en 2021, en un volumen junto con *Persuasion*, en el que se atribuye la traducción de *Sense and Sensibility* a «Equipo editorial», si bien parece tratarse de una revisión de la de Ituero Herrero. Por ejemplo, compárense los dos siguientes párrafos (se han subrayado las similitudes):

Traducción de 2002 de Ituero Herrero, p. 413, cap. 21:
Los Palmer volvieron a Cleveland al día siguiente, y las dos familias de Barton quedaron de nuevo a solas para su mutuo entendimiento. Pero esto no duró mucho. Elinor a duras penas se había quitado de la cabeza la última visita, el asombro de que Charlotte fuera tan feliz sin motivo, de que el señor Palmer se comportase de un modo tan simple siendo un hombre con buenas cualidades, y de que esa extraña incompatibilidad se diera tan a menudo entre marido y mujer, antes de que el celo de sir John y de la señora Jennings en la causa de lo social le procurase alguna otra relación que ver y observar.

Traducción de 2021 atribuida a «Equipo Editorial», p. 108, cap. xxi:
<u>Los Palmer</u> regresaron <u>a Cleveland al día siguiente, y las dos familias de Barton quedaron de nuevo</u> solas <u>para su mutuo</u> entretenimiento. <u>Pero esto no duró mucho;</u> Elinor <u>apenas se había quitado de la cabeza la última visita,</u> apenas había terminado <u>el asombro de que Charlotte fuera tan feliz sin motivo, de que el señor Palmer se comportase de un modo tan simple siendo un hombre con buenas cualidades,</u> y <u>de que esa extraña incompatibilidad se diera tan a menudo entre marido y mujer, antes de que el celo de</u> sir <u>John y de la señora Jennings en la causa de lo social le procurase</u> algunas relaciones nuevas <u>que ver y</u> que <u>observar.</u>

La BNE recoge también una traducción en 2012 a cargo de Marcos Mayer y publicada en Buenos Aires por Losada. Está prologada por el propio traductor y lleva por título *Sensatez y sentimientos*.

En 2013, Alianza Editorial publica, en Madrid, una nueva retraducción realizada por José Luis López Muñoz, que es reeditada en otras cuatro ocasiones (2014, 2016, 2022 y 2024[6]). Lleva por título *Sensatez y sentimiento*.

El mismo año, BookTrade (Santa Perpetua de Mogoda, Barcelona) publica otra versión traducida, prologada y presentada por Francesc Ll. Cardona, aunque García Soria (2022) indica que se trata de la traducción de Paulina Matta. La reedita en 2017 la editorial Brontes, en el mismo lugar.

---

[6]   La traducción de López Muñoz se ha incluido en un estuche conmemorativo de los 250 años del nacimiento de Austen que Alianza Editorial ha publicado en 2024. Se trata de una publicación aún no recogida en el catálogo de la BNE. Contiene todas las novelas de Austen, además de *Lady Susan*, *The Watsons*, *Amor y amistad* y *Sanditon*.

También en 2013, se publica la traducción atribuida a Benjamin Briggent, que se reedita en 2015. En ambas ocasiones (como en casi todas las que Briggent figura como traductor de obras de Austen) es la editorial Plutón (Barberá del Vallés, Barcelona), quien la publica. En este sentido, García Soria (2022) afirma que se basa en la de Matta, con algunas modificaciones.

García Soria (2022) menciona también una edición bilingüe editada por Dualbooks en 2013 que no figura en el catálogo de la BNE y donde María Ciurana Cataluña consta como traductora. La autora indica que el texto también coincide con el de la traducción de Matta.

La editorial Teide (Barcelona) publica en 2014 una versión firmada por Fernando Alcalá. En este registro, la BNE indica que Alcalá realiza la «adaptación» y las notas, que la introducción y la guía de lectura corren a cargo de C. Escribá y que cuenta con ilustraciones de R. Allén.

En 2017, la editorial Mestas en Algete, Madrid, publica una traducción sin nombre de traductor/a, en cuyo volumen se indica que es «1.ª edición, edición íntegra». No he encontrado similitudes en la comparación con las versiones anteriores consultadas. En 2018, salen a la luz la traducción de Núria Pradas, a cargo de Almadraba (Barcelona) y la de Maritza Izquierdo, en la editorial Verbum (Madrid). Por otro lado, en 2019, Alma (Barcelona) publica una «edición revisada y actualizada» firmada por Sara Alonso y con ilustraciones de Dàlia Adillon. Si bien el volumen no indica a partir de qué traducción se realiza dicha revisión y actualización, su consulta revela que parece tratarse de la publicada por Mestas en 2017. El siguiente es un ejemplo (se han subrayado las similitudes):

Traducción de Mestas de 2017, p. 126, cap. 21:
Al día siguiente los Palmer regresaron a Cleveland, y en Barton solo quedaron las dos familias para invitarse mutuamente. Pero aquello duró poco. Elinor no lograba olvidar a sus últimos visitantes; no salía de su asombro de ver a Charlotte tan feliz sin motivo, al señor Palmer actuar de un modo tan simplón siendo alguien capaz, así como la extraña discordancia que solía darse entre ambos. Entonces el celo de sir John y la señora Jennings a favor de la vida social le brindaron un nuevo grupo de conocidos de ellos a quienes ver y observar.

Edición revisada y actualizada (Sara Alonso) de Alma de 2019, p. 129, cap. XXI:
Los Palmer regresaron a Cleveland al día siguiente, [*cambio de orden de los elementos de la oración*] y en Barton solo quedaron las dos familias para invitarse mutuamente. Pero eso duró poco. Elinor no lograba olvidar a sus últimos visitantes. No salía de su asombro de ver a Charlotte tan feliz sin motivo, al señor Palmer actuar de un modo tan simple tratándose de alguien tan capaz, y de la extraña discordancia que solía producirse entre ambos. Entonces el celo de sir John y la señora Jennings a favor de la vida social le brindaron un nuevo grupo de conocidos de ellos a quienes ver y observar.

En 2021 encontramos dos traducciones. La primera ha estado editada por Salvat en Barcelona y tiene algunas similitudes, por un lado, a la de Mestas de 2017 y, por otro, a la revisión y actualización que realizó en 2019 Sara Alonso para Alma. A continuación, se señala otro ejemplo (se subrayan las similitudes de la edición revisada y actualizada por Alonso con la traducción de Mestas y de la de Salvat con las dos anteriores):

Traducción de Mestas de 2017, p. 268, cap. 38:
La señora Jennings alabó la conducta de Edward, aunque solo Elinor y Marianne comprendían el mérito. Solo ellas sabían qué pocos incentivos podían haberlo tentado a la desobediencia, y qué poco consuelo, excepto saber que había hecho lo correcto, le quedaría tras perder amigos y fortuna. Elinor se enorgullecía de su integridad. Marianne perdonaba todas sus ofensas por compasión ante su castigo.

Edición revisada y actualizada (Sara Alonso) de Alma de 2019, p. 261, cap. xxxviii:
La señora Jennings alabó con gran amabilidad la conducta de Edward, aunque tan sólo Elinor y Marianne comprendían el verdadero mérito. Solamente *ellas* sabían qué pocas cosas podían haberlo tentado a la desobediencia y qué magro consuelo, excepto saber que había hecho bien, le quedaría tras la pérdida de sus amigos y su patrimonio. Elinor se enorgullecía de su integridad. Marianne perdonaba todas sus ofensas por compasión ante su castigo.

Traducción de Salvat de 2021, p. 212, vol. 2, cap. xxxviii:
La señora Jennings elogió cálidamente la conducta de Edward, pero solo Elinor y Marianne comprendían el verdadero mérito de ella. Únicamente ellas sabían qué escasos eran los incentivos que podían haberlo tentado a la desobediencia, y cuán poco consuelo, más allá de la conciencia de hacer lo correcto, le quedaría tras la pérdida de sus amigos y su fortuna. Elinor se enorgullecía de su integridad; y Marianne le perdonaba todas sus ofensas por compasión ante su castigo.

La segunda traducción de 2021 está firmada por Cristina Zuil González y editada por Zinet Media Group en Madrid.

Las últimas traducciones que recoge la BNE hasta la fecha son, por un lado, la que realiza Núria Molines Galarza en 2023, con el título *Sensatez y sentimiento* y que publica Ediciones Invisibles en Barcelona y, por otro, la traducción y el prólogo firmados por Juan Bravo Castillo y publicados por Planeta (Barcelona) en el mismo año.

Como resumen a este subapartado, concluimos que, tras la primera traducción (de María Teresa Moré en 1942), se han publicado 11 retraducciones de *Sense and sensibility* en España. El orden de publicación y los traductores han sido los siguientes:

- Fernando Durán (1946, no recogida en el catálogo de la BNE);
- Luis Magrinyà (1993);
- Paulina Matta (2000);
- Clara Ituero Herrero (2002);
- Marcos Mayer (2012);
- José Luis López Muñoz (2013);
- Núria Pradas (2018);
- Maritza Izquierdo (2018);
- Cristina Zuil González (2021);
- Núria Molines Galarza (2023);
- Juan Bravo Castillo (2023).

Encontramos también textos que parecen ser revisiones:

- Editorial Orbis (1996, que García Soria [2022] atribuye a Montenegro);
- Ana María Rodríguez (1996, basado en Moré, según García Soria [2022]);
- Francesc Ll. Cardona (2013, que según García Soria [2022] es la de Matta);
- Benjamin Briggent (2013, basado, según García Soria [2022] en Matta, con algunas modificaciones);
- María Ciurana Cataluña (2013, que no figura en el catálogo de la BNE y que García Soria (2022) atribuye a Matta).

Además, también ha habido tres versiones sin nombre de traductor o traductora (Revista Literaria «Novelas y Cuentos», 1965, Mestas, 2017 y Salvat, 2021) y otras dos que especifican que son ediciones adaptadas o revisadas:

1) la adaptación firmada por Fernando Alcalá (2014); y
2) la revisión y actualización llevada a cabo por Sara Alonso que parece partir de la traducción editada por Mestas en 2017 y que luego parece que fue revisada y publicada por Salvat en 2021.

3.2.2. Pride and Prejudice

La BNE recoge un total de 148 registros para *Pride and Prejudice*, seis de ellos en volumen con otras obras y diez correspondientes a versiones juveniles o en formato cómic, que se recogerán en el apartado 3.2.8.

Aunque el título de esta obra ha sido traducido como *Orgullo y prejuicio* en la inmensa mayoría de las ocasiones, en otras lo ha sido como *Más fuerte que el orgullo*, entendemos que porque así se tradujo el de la película que se estrenó en 1940, dirigida por Robert Z. Leonard.

La primera traducción de la novela se publicó en el año 1924 y la realizó José Jordán de Urríes y Azara[7]. La publicó la editorial Calpe en Madrid. Se trata de una de las más reeditadas, a pesar de que su lenguaje resulta anticuado a día de hoy. En concreto, la BNE recoge diez reediciones, en 1976, 1981, 1986, 1997, 1998, 1999, 2000, 2003 (en dos ocasiones) y 2022. Esta última ha sido corregida por Javier Martos. La indicación de quién traduce y quién corrige o revisa no es, por poco frecuente, menos importante. Se trataría esta, por tanto, de una de esas 'revisiones' que se mencionaban en el capítulo 2. La editorial Espasa Calpe es quien más veces ha reeditado la traducción, como, por otra parte, es lógico, ya que fue la que la publicó originalmente. En concreto, las versiones de 1976 a 1986 y de 1999 a 2003 son de esta editorial (en la BNE se indica que la de 2000 incluye un prólogo de Carmen Posadas). La de 1997 es de Planeta de Agostini (Barcelona), la de 1998, de Boreal (Madrid) y la última (2022), de Palabras de Agua Editorial (Leganés).

---

[7] Para más información sobre esta traducción de de Urríes y Azara, consúltese Jiménez Carra (2007).

En 1943, M. Arimany publicó en Barcelona una retraducción firmada por R. Berenguer, seudónimo de Pau Romeva (García Soria, 2023). Esta misma editorial publicó una segunda edición al año siguiente, pero con nuevo título: *Más fuerte que el orgullo*. Gilson (1997: 203) también recoge otras dos reediciones con este título en 1946 y 1952.

En 1944 consta una traducción publicada por la editorial Molino en Barcelona y cuya autoría se atribuye a «E. Molino». Julio (2018) indica que pertenece a la catalana Irene Polo, cuya versión había sido publicada en Argentina en 1940 por Juventud Argentina. Esta misma autora también indica que Polo es la traductora de la versión publicada en Barcelona en 1945 (*Más fuerte que el orgullo*) por parte de la editorial Juventud (2018: 94). La BNE no recoge esta traducción, a no ser que se trate de un registro de 1945 con ese título, en el que no consta editorial y en el que solo se recoge «R. Plana (imp.)», con texto a dos columnas y 144 páginas. Esto tendría sentido, puesto que tanto la traducción de Molino como la de Plana son muy similares y en ellas coinciden las tres notas al pie (Jiménez Carra, 2007: 113-114).

Además, Julio (2018) explica que la traducción de Polo fue reeditada continuamente por Juventud, cambiando el título posteriormente a *Orgullo y prejuicio*. La BNE recoge esta edición de Juventud y la fecha en 1958, aunque Julio (2018: 95) indica que la primera con este título es de 1956. La misma autora cita también que en 1981 el texto lo firma un nuevo traductor (Fernando Durán), aunque en realidad sigue siendo la versión de Polo (2018: 96). Más adelante en este apartado se mencionan los registros de Juventud y de Fernando Durán que constan en el catálogo la BNE.

En 1945, Javier de Zengotita [8] firma una «versión española» de la obra, que publica Reguera en Barcelona, con 168 páginas (19 cm). Se trata de un texto editado a dos columnas con letra reducida; de ahí el menor número de páginas.

Gilson (1997: 203) sitúa en 1956 una traducción editada por Bruguera en Barcelona que, sin embargo, no he localizado en el catálogo de la BNE. La firma Juan Ruiz de Larios, que sí aparece en el registro de la Biblioteca como traductor de *Persuasion*. García Soria (2023) fecha este texto en 1945 e indica que puede estar basado en el de José Jordán de Urríes y Azara. Sin embargo, también indica que no lo ha consultado. La autora se basa en las afirmaciones de Crespo Allué y Herrero López con respecto a las traducciones de otras obras atribuidas a Ruiz de Larios que sí han sido tomadas de versiones anteriores:

> […] [a]s Crespo Allué and Isis Herrero López have noticed, his *Persuasión* and *La abadía de Northanger* seem to be based on Ortega y Gasset's and Oyárzabal's translations, respectively. I have not been able to get my hands on a copy of this edition, but it seems safe to assume that his *Orgullo y prejuicio* is based on Urríes y Azara's translation—that is, not a bona fide translation (García Soria, 2023).

---

[8] En su catálogo, la BNE recoge el apellido del traductor como «Lengotita» y así lo nombran también algunos investigadores; sin embargo, en el volumen físico consta que es Zengotita.

Puesto que García Soria no aporta certeza sobre la verdadera autoría del texto y ya que yo tampoco he podido localizarlo por otros medios, al no estar siquiera recogido en el catálogo de la BNE (motivo por el que no lo incluí en mis publicaciones de 2007 y 2008b), esta versión se considerará retraducción en este trabajo. Además, como se expondrá en el apartado 3.2.6., tampoco puedo afirmar, al contrario que Crespo Allué, que la versión de *Persuasion* de Ruiz de Larios se base en Ortega y Gasset, a pesar de que sí comparte algunos elementos.

La traducción de Amando Lázaro Ros[9], otro de los traductores más importantes de la novela que nos ocupa, se publica por primera vez, con introducción, en 1946, por parte de Aguilar (Madrid). Ha sido reeditada en 16 ocasiones, por las siguientes editoriales: Aguilar (Madrid, 1957, 1962, 1987); Ramón Sopena (Barcelona, 1963); Orbis (Barcelona, 1988, 1990, 1994, 1997); Suma de Letras (Madrid, 2001); Círculo de Lectores (Barcelona, 2005, 2009); Punto de Lectura (Madrid, 2006, 2010); Smart of Selling Factory (Madrid, 2011); Biblok (Barcelona, 2015); y Mi-lla (Barcelona, 2022). De ellas, la de 1962 lleva introducción, la de 1987 está revisada (aunque no se indica quién realiza la revisión), las de 2001 y 2006 están prologadas por Elvira Lindo, y la de 2011 es una edición bilingüe. Es de destacar que en 2012 encontramos otra edición bilingüe de Smart of Selling Factory (Madrid), sin atribución del traductor. En este caso, sin embargo, y según he comprobado en la BNE, se trata de un texto que, en muchos fragmentos, es muy similar a la traducción de María Antonia Ibáñez, publicada por primera vez en 1987. Más adelante en este apartado se aporta más información sobre esto.

En 1949 encontramos una publicación de Revista Literaria «Novelas y Cuentos» (Madrid) que la BNE califica como «texto completo», aunque solo cuenta con 55 páginas. Ya clasifiqué esta versión como una revisión de la traducción de Javier de Zengotita (Jiménez Carra, 2007: 116).

En 1952, en un volumen conjunto con la novela *Cranford*, de Elizabeth Gaskell, se publica la traducción de Américo Nos Gray en la editorial Éxito en Barcelona. Se reedita en 1961 y en 1984. En esta última ocasión, la versión no está acompañada de la obra de Gaskell y la publica Fascículos Planeta (no consta la ciudad, si bien Planeta suele tener sede en Barcelona).

También encontramos en los registros de la BNE una «versión española» atribuida a Héctor de Santisteban, editada por G.P. en Barcelona y catalogada por la BNE dentro de su fondo anterior a 1958. Gilson (1997) atribuye la fecha de publicación a 1956, aunque, consultado el volumen en la sede de la BNE, en él no consta ninguna fecha. A comienzos del siglo xx era común que las traducciones fueran identificadas con el término «versión» y que, además, añadieran «española», como en esta ocasión. Esto se debe a la presencia en España de numerosas traducciones indirectas que tenían el francés

---

[9] Para más información sobre esta traducción de Lázaro Ros, consúltese Jiménez Carra (2007).

como idioma intermedio. Por tanto, no debe confundirse este caso con el concepto de 'versión' que se tratará en páginas siguientes.

Hasta 1963 no se publica otra retraducción de la obra que nos ocupa: la de José Villalba Pinyana, editada por Toray en Barcelona.

La BNE también recoge otra editada en Cuba por el Instituto del Libro en 1967, cuya autoría no consta en el volumen. Por otro lado, en 1970 encontramos la traducción de Itel Ediciones (Madrid), en la que se recoge que el estudio, las notas y los comentarios son de Micaela Misiego. A este respecto, cabe destacar que Gilson (1997: 204), la Biblioteca Británica (Jiménez Carra, 2007: 118) y Alsina (2008) citan a Micaela Misiego también como traductora.

En 1973 se publica una traducción atribuida a Xavier Costa Clavell (Barcelona, Mundilibro). Lleva ilustraciones de M.ª Paz García Borrón. Ha sido reeditada por Salvat en 1986. Según García Soria (2023) se trata de una revisión de la traducción de Berenguer: «On examining the text, however, it's clear that Costa Clavell's "translation" is more than a 90% match for Berenguer's».

En los años 80 aparecen varias nuevas traducciones. En 1984 sale a la luz la de M. Villamuera de Castro, que publica (y reedita al año siguiente) la editorial Sarpe, en Madrid. Este texto es el mismo que 11 años antes, en 1973, habían editado, sin atribución de traductor, las editoriales G. Riesgo (Madrid) y Nauta (Barcelona) (Jiménez Carra, 2007: 118). Gilson (1997: 204) también menciona dos traducciones anónimas (Madrid, Interciencia, 1970 y Barcelona, Mateu, 1973), que no recoge la BNE. La editorial Mateu formaba parte de Nauta desde 1973 (Trejo Peña, citada en García Soria, 2023).

En 1987, encontramos la traducción de María Antonia Ibáñez (Cátedra, Madrid). Ha sido reeditada por Cátedra en 2009 (en dos ocasiones) y en 2013, y por Anaya, también en 2013. De cualquier forma, como se explicará más adelante, este texto ha sido empleado en otras ocasiones sin nombrar a la traductora. En la edición de Cátedra, José Luis Caramés figura como editor.

En 1996 sale a la luz la traducción de José Luis López Muñoz[10], bajo el sello Alianza en Madrid. La misma editorial la reedita en 2002, 2005, 2011, 2013 (con ilustraciones de Hugh Thomson), 2016, 2019, 2023 y 2024[11]. Albor Libros (Madrid, con impresión en México) también hace lo propio en 2019.

En 1997 es cuando se publica la versión de Ana María Rodríguez, otra de las más reeditadas (un total de 16 ocasiones). En este caso, García Soria (2023) indica que «the editions of *Orgullo y prejuicio* from the different Penguin Random House imprints are based on the Urries translation —although translation is credited to Ana María Rodríguez». La primera versión firmada por Rodríguez la publicó Plaza & Janés en Barcelona.

---

[10] Para más información sobre la traducción de López Muñoz, consúltese Jiménez Carra (2007).

[11] En el estuche que Alianza Editorial ha publicado en 2024 y que ha sido mencionado en una nota anterior.

Dos años después, en 1999, sale a la luz la reedición de Unidad Editorial en Madrid (con prólogo de Lourdes Ventura —el Index Translationum de la UNESCO recoge a Ventura como traductora, aunque la BNE establece que es Rodríguez—). A ella le sigue la de Bibliotek en la misma ciudad, en el año 2000. Tras ello, en 2000, 2002, 2003, 2009, 2010 y 2013, las reediciones corren a cargo de Debolsillo (Barcelona), para pasar a Penguin Clásicos (Barcelona) en 2015. En este último caso, se trata de tres reediciones en el mismo año: una con introducción de Tony Tanner, una versión en línea y otra conmemorativa del bicentenario de la publicación del original. Penguin vuelve a reeditar la traducción en 2018 (dos veces: una bajo el sello Clásicos y otra en Penguin Random House, con ilustraciones de María Hesse) y en 2022. También podíamos encontrar estas ilustraciones en la edición de Alfaguara de 2017. Por último, en 2023, Molino, en Barcelona, publica un «texto adaptado a partir de la traducción de Ana María Rodríguez». En el volumen consultado no consta quién realiza esta adaptación, pero sí que lleva ilustraciones de Marta García Navarro.

El mismo año en el que ve la luz la traducción de Ana María Rodríguez (1997), se publica también la firmada por Fernando Durán, de manos de la Editorial Juventud, con ilustraciones de Josep Narro. Es reeditada en 2003. Es de destacar que Juventud ya había publicado la novela en 1958 (también con ilustraciones de Josep Narro), en 1970 y en 1974, atribuyendo la traducción, en el primer y segundo caso (1958 y 1970), a «Editorial Juventud». También Círculo de Lectores (Barcelona) había publicado esta misma traducción de Editorial Juventud en 1965 y 1966. Recordemos que se trata en realidad, según Julio (2018), de la de Irene Polo.

Tanto en 1997 como en 1999, Alba Editorial publica el mismo texto de Villamuera de Castro, reproduciendo incluso la introducción que incluía la editorial Sarpe en 1984 (Jiménez Carra, 2007: 119-120).

En 1998, la editorial Óptima de Barcelona publica otro texto, sin nombre de traductor/a. En la página de créditos de este volumen se indica que es una «traducción cedida por Editorial Ramón Sopena S.A.». Una búsqueda en el catálogo de la BNE lleva a una traducción de 1963 publicada por esa editorial y atribuida a Lázaro Ros. Adicionalmente, también se ha comprobado en persona la edición de Óptima con la traducción de Lázaro Ros y, efectivamente, se trata de ese texto.

En 2002 se publica la traducción de Alejandro Pareja Rodríguez, por parte de la editorial Edaf en Madrid. Se reedita en siete ocasiones más: 2004, 2008, 2010 (dos ediciones), 2017, 2019 y 2020. Las editoriales son las siguientes: RBA, Barcelona (2004, 2008 y 2010, en los dos últimos casos con prólogo de Carmen Posadas); Edaf, Madrid (2010, con traducción y prólogo); Alma, Barcelona (2017 y 2019, con ilustraciones de Dàlia Adillon); y RBA Coleccionables, Barcelona (2020).

También en 2002 aparece la traducción de Kiki Rodríguez, que publica Mestas en Algete (Madrid), así como la de Patricia Franco Lommers. En 2007 ya identifiqué que la traducción de Kiki Rodríguez era muy similar a las editadas por la Editorial Molino, R. Plana y Juventud (atribuidas a veces a Fernando Durán) (Jiménez Carra, 2007: 121-

122). Por tanto, siguiendo a Julio (2018), se trataría también, como estas últimas, de una revisión de la traducción de Irene Polo. Por su parte, García Soria (2023) afirma que las ediciones de Mestas desde el año 2015 se basan, a su vez, en la traducción de María Antonia Ibáñez. En el catálogo de la BNE solo encontramos otra edición de Mestas (además de la firmada por Rodríguez en 2002) que está publicada precisamente en 2015 y cuya autoría se atribuye a Luna Forum.

La traducción de Franco Lommers de 2002 la publica Edimat (Arganda del Rey, Madrid), en un volumen conjunto con la de Clara Ituero Herrero de *Sentido y sensibilidad*, mencionada anteriormente. Edimat ha editado este mismo texto en otras seis ocasiones, atribuyendo la autoría a Franco Lommers, en 2006, 2012, 2013, 2014, 2019 y 2021. En este último año, además, en un volumen que también incluye las obras de juventud de Austen o *Juvenilia* cuya traducción es de Cristina Zuil González y con introducción de Laura Marina Mateos Martínez. La introducción de *Orgullo y prejuicio* corre, en este caso, a cargo de Ivana Mollo. Adicionalmente, y como ocurría con Ituero Herrero y *Sentido y sensibilidad*, también encontramos traducciones de la misma editorial donde no consta el nombre de Franco Lommers. Se trata de una en 2002, otra en 2006 (volúmenes en los que solo está *Orgullo y prejuicio*) y otra en 2012. He podido consultar la edición de 2006 y, efectivamente, sigue siendo el texto de Franco Lommers. En el caso de 2012, la novela se edita junto con *Sentido y sensibilidad*, y en ese volumen tampoco se atribuye esta última traducción a Clara Ituero Herrero.

En 2007 encontramos la traducción de Eduardo Chamorro para Destino (Barcelona) y en 2009, la BNE recoge la versión de Delia Pasini para Losada (publicada en Buenos Aires). Ya se ha mencionado que esta traducción fue analizada en Jiménez Carra (2017). García Soria (2023) sospecha que se trata de una revisión de la traducción de Ibáñez:

> The translation resembles Ibáñez's quite often, but with many amendments, which leads me to suspect Pasini might have used Ibáñez's version as a working reference, cross-checked with Austen's text in English at hand; she thus corrected several mistakes, including the infamous omission of the sentence at the end of the first chapter and stating correctly Charlotte's age. It is an unusual way for a translator to work, but at least Pasini also used the original source, unlike many pseudo-translators who just misappropriated Ibáñez's text. Pasini's is indeed a revision and improvement.

Como ya he indicado anteriormente, tras analizar ambas versiones (Ibáñez y Pasini), yo no puedo afirmar rotundamente que la última sea una revisión de la primera (Jiménez Carra, 2019). Por ese motivo, se considera retraducción en este trabajo.

En 2007, la editorial Rueda (Pozuelo de Alarcón, Madrid), publica una traducción, cuyo texto se reedita posteriormente, en 2012, bajo el sello de la editorial Signo (Pozuelo de Alarcón, Madrid). No consta en ninguna de las dos de quién es la versión. Aunque en ella se traduce el nombre de las protagonistas como Bebel y Catiti, al igual que lo hace Lázaro Ros, no se puede afirmar rotundamente que se pueda tratar de una revisión de ese texto, puesto que hay modificaciones y adiciones.

En 2009 encontramos la publicación de la traducción de Marta Salís, de la que se encarga la editorial Alba (Barcelona) y que incluye ilustraciones de Hugh Thomson. Es reeditada por la misma editorial en 2011 (Madrid) y 2013 (Barcelona). En este último caso, también con las ilustraciones mencionadas[12]. Recordemos que en 1997 y 1999 Alba publicó traducciones sin nombre de traductor/a, pero que se identificaron como de Villamuera de Castro (Jiménez Carra, 2007: 119-120).

En 2010 se publica la traducción de Roser Vilagrasa (Bambú, Barcelona), con ilustraciones de Jordi Vila i Delclòs. Dos años después (2012), la versión de José C. Vales, publicada por Espasa (Barcelona) de forma física y en línea el mismo año y reeditada en las mismas dos modalidades en 2015 y, de nuevo, en físico en 2023, esta vez editada por Austral (Barcelona) y con ilustraciones de Luis Mazón.

En 2012 encontramos la versión de Francesc Lluis Cardona, editada por Brontes (Santa Perpetua de Mogoda, Barcelona) y reeditada en 2017 y 2022. En estos dos últimos casos, la BNE recoge que se incluye prólogo y presentación de Cardona. García Soria (2023) atribuye la traducción también a María Antonia Ibáñez. Esto mismo hace la autora con una versión bilingüe de 2012 publicada por Dualbooks, que no está registrada en el catálogo de la BNE.

También en 2012 encontramos la traducción editada por Smart of Selling Factory, cuyo análisis revela, igualmente, muchas similitudes con la de Ibáñez. A continuación, se exponen dos fragmentos de ambas, donde estas se han subrayado:

(1)
Traducción de Ibáñez de 1987, p. 149, cap. xv:
El señor Collins no era un hombre inteligente, y a las deficiencias de su naturaleza no las había ayudado nada ni su educación ni su vida social. Pasó la mayor parte de su vida bajo la autoridad de un padre inculto y avaro; y aunque fue a la universidad, sólo permaneció en ella los cursos meramente necesarios y no adquirió ningún conocimiento verdaderamente útil. La sujeción con que le había educado su padre, le había dado, en principio, gran humildad a su carácter, pero ahora se veía contrarrestada por una vanidad obtenida gracias a su corta inteligencia, a su vida retirada y a los sentimientos inherentes a una repentina e inesperada prosperidad.

Traducción de Smart of Selling Factory de 2012, p. 168, cap. 15:
El señor Collins no era un hombre talentoso, y a las deficiencias de su naturaleza no las había compensado nada ni su educación ni su vida social. Transcurrió la mayor parte de su vida bajo la autoridad de un padre inculto y avaro; y aunque fue a la universidad, sólo permaneció en ella los cursos meramente necesarios y no adquirió ningún conocimiento verdaderamente útil. La sujeción con que le había educado su padre, le había dado, en principio, gran humildad a su carácter, pero ahora se veía contrarrestada por una vanidad obtenida gracias a su corta inteligencia, a su vida retirada y a los sentimientos inherentes a una repentina e inesperada prosperidad.

---

[12] Recordemos que la traducción de López Muñoz también cuenta con ilustraciones de Thomson en su edición de 2013 por parte de Alianza Editorial.

(2)

Traducción de Ibáñez de 1987, p. 260, cap. xxxii:

A la mañana siguiente por la mañana, estaba Elizabeth sola escribiendo a Jane, mientras la señora Collins y María habían ido de compras al pueblo, cuando se sobresaltó al sonar la campanilla de la puerta, señal inequívoca de alguna visita. Aunque no había oído ningún carruaje, pensó que a lo mejor era lady Catherine, y se apresuró a esconder la carta que tenía a medio escribir a fin de evitar preguntas impertinentes. Pero con gran sorpresa suya se abrió la puerta y entró en la habitación el señor Darcy. Darcy solo.

Traducción de Smart of Selling Factory de 2012, p. 406, cap. 32:

Estaba Elizabeth sola escribiendo a Jane a la mañana siguiente por la mañana [*cambio de orden de los complementos*], mientras la señora Collins y María habían ido de compras al pueblo, cuando se sobresaltó al sonar la campanilla de la puerta, señal inequívoca de alguna visita. Como no había oído ningún carruaje, pensó que a lo mejor era lady Catherine, y se apresuró a esconder la carta que tenía a medio escribir a fin de evitar preguntas impertinentes. Cuando abrió la puerta, para gran sorpresa suya, Darcy. Darcy solo entró en la habitación el señor.

Obsérvense en este segundo ejemplo las últimas frases de la traducción de Smart of Selling Factory, que parecen estar tomadas de las de Ibáñez, pero con el orden de los vocablos cambiado. Por un lado, el final de Ibáñez («Darcy solo») y, tras eso, el final de la oración anterior de la misma traductora («entró en la habitación el señor»). Esto crea un sinsentido en la versión de 2012.

El Club Internacional del Libro (Madrid) también publica una versión de la obra en 2012, sin especificar quién la traduce. Tras ser consultada, es igualmente muy similar a la versión de María Antonia Ibáñez, con escasas modificaciones. A continuación, se reproducen los dos mismos fragmentos anteriores, subrayando las similitudes con la traducción mencionada:

(1)

Traducción de Ibáñez de 1987, p. 149, cap. xv:

El señor Collins no era un hombre inteligente, y a las deficiencias de su naturaleza no las había ayudado nada ni su educación ni su vida social. Pasó la mayor parte de su vida bajo la autoridad de un padre inculto y avaro; y aunque fue a la universidad, sólo permaneció en ella los cursos meramente necesarios y no adquirió ningún conocimiento verdaderamente útil. La sujeción con que le había educado su padre, le había dado, en principio, gran humildad a su carácter, pero ahora se veía contrarrestada por una vanidad obtenida gracias a su corta inteligencia, a su vida retirada y a los sentimientos inherentes a una repentina e inesperada prosperidad.

Traducción de Club Internacional del Libro de 2012, p. 81, cap. xv:

El señor Collins no era un hombre inteligente, y a las deficiencias de su naturaleza no las había ayudado nada ni su educación ni su vida social. Pasó la mayor parte de su vida bajo la autoridad de un padre inculto y avaro; y aunque fue a la universidad, sólo permaneció en ella los cursos meramente necesarios y no adquirió ningún conocimiento verdaderamente útil. La sujeción con que le había educado su padre [*se elimina la coma*] le había dado, en principio, gran humildad a su carácter, pero ahora se veía contrarrestada por una vanidad obtenida gracias a su corta inteligencia, a su vida retirada y a los sentimientos inherentes a una repentina e inesperada prosperidad.

(2)
Traducción de Ibáñez de 1987, p. 260, cap. XXXII:
A la mañana siguiente por la mañana, estaba Elizabeth sola escribiendo a Jane, mientras la señora Collins y María habían ido de compras al pueblo, cuando se sobresaltó al sonar la campanilla de la puerta, señal inequívoca de alguna visita. Aunque no había oído ningún carruaje, pensó que a lo mejor era lady Catherine, y se apresuró a esconder la carta que tenía a medio escribir a fin de evitar preguntas impertinentes. Pero con gran sorpresa suya se abrió la puerta y entró en la habitación el señor Darcy. Darcy solo.

Traducción de Club Internacional del Libro de 2012, p. 184, cap. XXXII:
A la mañana siguiente [*eliminado «por la mañana»*] estaba Elizabeth sola escribiendo a Jane, mientras la señora Collins y María habían ido de compras al pueblo, cuando se sobresaltó al sonar la campanilla de la puerta, señal inequívoca de alguna visita. Aunque no había oído ningún carruaje, pensó que a lo mejor era lady Catherine, y se apresuró a esconder la carta que tenía a medio escribir a fin de evitar preguntas impertinentes. Pero con gran sorpresa suya se abrió la puerta y entró en la habitación el señor Darcy, y nadie más que él.

Al año siguiente, en 2013, Albor Libros (Madrid) hace lo mismo que la editorial anterior y publica una versión sin atribución de traductor o traductora, pero que es muy similar a la de Ibáñez, con alguna modificación. Por ejemplo, en el primero de los dos fragmentos apenas citados, mantiene la coma de Ibáñez que elimina Club Internacional del Libro. Sin embargo, en el segundo, elimina «por la mañana», como este último:

(1)
Traducción de Albor de 2013, p. 58, cap. XV (comparada con la de Ibáñez):
El señor Collins no era un hombre inteligente, y a las deficiencias de su naturaleza no las había ayudado nada ni su educación ni su vida social. Pasó la mayor parte de su vida bajo la autoridad de un padre inculto y avaro; y aunque fue a la universidad, sólo permaneció en ella los cursos meramente necesarios y no adquirió ningún conocimiento verdaderamente útil. La sujeción con que le había educado su padre, le había dado, en principio, gran humildad a su carácter, pero ahora se veía contrarrestada por una vanidad obtenida gracias a su corta inteligencia, a su vida retirada y a los sentimientos inherentes a una repentina e inesperada prosperidad.

(2)
Traducción de Albor de 2013, p. 127, cap. XXXII (comparada con la de Ibáñez):
A la mañana siguiente [*eliminado «por la mañana»*], estaba Elizabeth sola escribiendo a Jane, mientras la señora Collins y María habían ido de compras al pueblo, cuando se sobresaltó al sonar la campanilla de la puerta, señal inequívoca de alguna visita. Aunque no había oído ningún carruaje, pensó que a lo mejor era lady Catherine, y se apresuró a esconder la carta que tenía a medio escribir a fin de evitar preguntas impertinentes. Pero con gran sorpresa suya se abrió la puerta y entró en la habitación el señor Darcy. Darcy solo.

También encontramos en 2013 la primera publicación de una traducción firmada por Benjamin Briggent y publicada, como todas las de Briggent, por Plutón (Barcelona). Se reedita en 2015 (en edición bilingüe y en Barberà del Vallès, Barcelona), en 2021 y 2022 (las dos en O Porriño y la de 2021 con ilustraciones de Katherine Silva). La edición de Plutón de 2022 es conjunta con *Persuasión*.

En 2016, B de Books y Ediciones B (Barcelona) publican, respectivamente, una edición en línea e impresa, a la que no atribuyen autoría.

En 2019, la empresa de traducción Trama Literaria firma una traducción autoeditada (Madrid), que cuenta con un prólogo de Juan José Martos.

Tanto la versión firmada por Briggent como la de Trama Literaria parten, según García Soria (2023), de la de María Antonia Ibáñez. En el caso de la primera, según la autora, «with slight modifications to disguise the loan, but without amending the mistakes».

En 2016, Verbum (Madrid) publica la traducción de Maritza Izquierdo. Aunque la BNE la cataloga en la colección Verbum infantil y juvenil, no hay constancia en la web de esta editorial de esa categoría y en su clasificación solo se recoge «Club Verbum / Colección Narrativa / Jane Austen». Por este motivo se clasifica aquí y no en el apartado 3.2.8.

Ya en 2021 encontramos la traducción de Elena Armirall Arnal en Zinet Media (Madrid) y en 2022, la de Ana Mata Buil (Ediciones Invisibles, Barcelona).

Por último, el catálogo de la BNE también recoge una traducción editada en 2022 por Colofón Ediciones en México, sin nombre de traductor. García Soria (2023) menciona esta edición como de Trama Literaria (recordemos que esta editorial ya la había publicado en Madrid en 2019) y la atribuye a María Antonia Ibáñez.

Por todo lo anteriormente constatado, podemos concluir que, tras la primera traducción de *Pride and Prejudice* en España (realizada por José Jordán de Urríes y Azara y publicada en 1924), la obra ha sido retraducida en 22 ocasiones:

- R. Berenguer (1943);
- Irene Polo (1940);
- Javier de Zengotita (1945);
- Juan Ruiz de Larios (1945);
- Amando Lázaro Ros (1946);
- Américo Nos Gray (1952);
- Héctor de Santisteban (sin fecha, catalogada en la BNE como fondo anterior a 1958 —según Gilson [1997], es de 1956—);
- José Villalba Pinyana (1963);
- Micaela Misiego (1970);
- M. Villamuera de Castro (1984);
- María Antonia Ibáñez (1987);
- José Luis López Muñoz (1996);
- Alejandro Pareja Rodríguez (2002);
- Patricia Franco Lommers (2002);

- Eduardo Chamorro (2007);
- Delia Pasini (2009; si bien García Soria [2023] sospecha que la traductora pudo haber consultado la versión de Ibáñez, yo no puedo afirmarlo tras mi propia consulta);
- Marta Salís (2009);
- Roser Vilagrasa (2010);
- José C. Vales (2012);
- Maritza Izquierdo (2016);
- Elena Armirall Arnal (2021);
- Ana Mata Buil (2022).

En esta enumeración no se han tenido en cuenta aquellos textos mencionados en este apartado en los que, tras ser consultados por otras investigadoras o por mí misma, se ha detectado una similitud con traducciones anteriores que lleva a pensar que pueden tratarse, en realidad, de revisiones o reediciones. Tampoco se han considerado aquellos sin atribución de traductor/a. Se trata de los siguientes:

- Molino (1944, según Julio [2018: 94], de Irene Polo);
- Juventud (1945, según Julio [2018: 94], de Irene Polo);
- R. Plana (1945, versión muy similar a la de Molino [Jiménez Carra, 2007: 113-114]);
- Juventud (1958, según Julio [2018: 94], de Irene Polo);
- Revista Literaria «Novelas y Cuentos» (1949, revisión de la de Javier de Zengotita [Jiménez Carra, 2007: 116]);
- Instituto del Libro (1967);
- Xavier Costa Clavell (1973, según García Soria [2023], revisión de la de Berenguer);
- G. Riesgo (1973, la que posteriormente firma Villamuera de Castro [Jiménez Carra, 2007: 118]);
- Nauta (1973, la que posteriormente firma Villamuera de Castro [Jiménez Carra, 2007: 118]); recordemos, en este sentido, las dos traducciones anónimas que menciona Gilson (1997: 204), editadas en Madrid por Interciencia (1970) y en Barcelona por Mateu (1973); Mateu era parte de la Editorial Nauta (Trejo Peña en García Soria, 2023);
- Ana María Rodríguez (1997, basada, según García Soria [2023] en la de de Urríes y Azara);
- Fernando Durán (1997, de Irene Polo [Julio, 2018]);
- Alba (1997, de Villamuera de Castro [Jiménez Carra, 2007: 119-120]).
- Editorial Óptima (1998, de Lázaro Ros);
- Kiki Rodríguez (2002), muy similar a las traducciones de Molino, Juventud y R. Plana (Jiménez Carra, 2007: 122) y, por tanto, de Irene Polo (Julio, 2018);

- Editorial Rueda (2007) y editorial Signo (2012) (sin nombre de traductor/a; comparte algunas similitudes con Lázaro Ros, pero no se puede afirmar que se trate de una revisión de la traducción de este);
- Frances Lluis Cardona (2012, según García Soria [2023], de Ibáñez);
- Dualbooks (2012, también de Ibáñez [García Soria, 2023]);
- Smart of Selling Factory (2012, revisión de Ibáñez);
- Club Internacional del Libro (2012, revisión de Ibáñez);
- Albor Libros (2013, revisión de Ibáñez);
- Benjamin Briggent (2013, de Ibáñez, con escasas modificaciones, según García Soria [2023]);
- Luna Forum (2015, editada por Mestas; quizás de Ibáñez [García Soria, 2023]);
- Trama Literaria/Colofón Ediciones (2019/2022, Madrid/México, de Ibáñez, según García Soria, 2023).

3.2.3. **Mansfield Park**

La BNE recoge 29 registros de traducciones al español de *Mansfield Park*. En 27 de ellos, se mantiene este título. En las dos primeras traducciones, sin embargo y como se indicará a continuación, se tradujo al español.

La primera traducción de *Mansfield Park* la publicó la editorial Tartessos en Barcelona en 1943 y corrió a cargo de Guillermo Villalonga. Su título fue *El Parque*[13] *Mansfield*. Esta traducción solo contiene 38 de los 48 capítulos del original (Jiménez Carra, 2022).

También tuvo título en español la versión de José María Balil Giró de 1954, que editó M. Arimany en Barcelona y que se llamó *En el parque Mansfield*.

No consta ninguna otra traducción de esta obra hasta la que, en 1995, firma Miguel Martín y publica Rialp en Barcelona, ya con el título *Mansfield Park*. Esta traducción se reedita en 13 ocasiones, a veces con el apellido del traductor recogido como Martí. En concreto, las reediciones son de Plaza & Janés (Barcelona, 1997, 1998 —en dos ocasiones—), Debolsillo (Barcelona, 2000, 2003, 2008, 2013), RBA (Barcelona, 2004 y 2020 —esta última, en RBA Coleccionables—) y Penguin Clásicos (Barcelona, 2015 —en tres ocasiones— y 2017). En el caso de las ediciones de 2015 a cargo de Penguin, una de ellas es en línea y las otras dos cuentan con introducción de Tony Tanner. La traducción de Martín es muy similar a la de Balil Giró (Jiménez Carra, 2022), algo que ya se mencionó en el aparado 3.1.

También en 1995 encontramos la traducción de Francisco Torres Oliver, publicada por Alba Editorial (Barcelona) y reeditada seis veces: por Alba en 2007, 2011, 2014 y

---

[13] Con respecto al uso del sustantivo «parque» como traducción de *park*, Díaz Bild (2014 [2007]: 190) indica: «Although 'park' in Spanish has the two meanings of an area of land in town with grass and trees where people go to enjoy themselves and a piece of land surrounding a country house, the latter is seldom used in Spanish and, therefore, the title *El parque Mansfield* sounds awkward».

2015, esta última en línea (en el caso de los textos de 2011 y 2014, se incluyen también notas del traductor), y por Círculo de Lectores (Barcelona), que la publica en 2009 y 2014 (en esta última edición también consta su editorial distribuidora, Galaxia Gutenberg).

En 2013, Benjamin Briggent firma la traducción de Plutón (Barberà del Vallès, Barcelona). Parece tratarse de una revisión de la de Balil Giró/Martín [14]. Se presentan dos ejemplos, donde se subrayan las similitudes con la versión de Martín de 1995:

(1)
Traducción de Martín de 1995, p. 42, cap. v:
Entre el elemento joven se estableció desde el primer momento una corriente de simpatía. Por cada lado había mucho motivo de atracción, y el incipiente trato prometió convertirse en intimidad, tan pronto como la práctica de las buenas costumbres pudiera autorizarlo. La belleza de Miss Crawford no perjudicaba la de las dos miss Bertram. Éstas eran demasiado hermosas para que pudieran ofenderse de que otra lo fuera también, y quedaron casi tan prendadas como sus hermanos de sus ojos negros y avispados, su tez morena y la gentileza de toda su persona.

Traducción de Briggent de 2013, p. 36, cap. v:
Entre el elemento joven se estableció desde el primer momento una corriente de simpatía. Por cada lado había mucho motivo de atracción, y el incipiente trato prometió convertirse en intimidad, tan pronto como la práctica de los buenos modales pudiera autorizarlo. La belleza de Miss Crawford no perjudicaba la de las dos Miss Bertram. Estas eran demasiado hermosas para que pudieran molestarse de que otra lo fuera también, y quedaron casi tan seducidas como sus hermanos de sus ojos negros y avispados, su tez morena y la gentileza de toda su persona.

(2)
Traducción de Martín de 1995, p. 281, cap. xxxv:
Edmund había llegado a la conclusión de que correspondía por entero a Fanny decidir si entre ellos debía mencionarse su posición con respecto a Crawford; y había resuelto que si no partía de ella la iniciativa, nunca él aludiría al asunto. Pero al cabo de un par de días de mutua reserva, su padre le indujo a cambiar de idea y a probar la eficacia de su influencia a favor de su amigo.

Traducción de Briggent de 2013, p. 254, cap. xxxv:
Edmund había llegado a la conclusión de que correspondía por entero a Fanny decidir si entre ellos debía mencionarse su posición con respecto a Crawford; y había decidido que si no partía de ella la iniciativa, nunca aludiría él [cambio de orden de sujeto y verbo] al problema. Pero al cabo de un par de días de mutua reserva, su padre le indujo a cambiar de idea y a probar la eficacia de su influencia a favor de su amigo.

---

[14] Además, en la comparación entre ambas traducciones que ha revelado esta similitud, encontramos errores cometidos durante el proceso de revisión. Por ejemplo, en la pág. 161 de Martín aparece esta frase: «Y, viendo que así transcurrían dos o tres días, Edmund empezó a creer posible que no llegarían a encontrarla jamás». En la 101 de Briggent se ha intentado modificar el verbo «empezar», pero, por error, se ha mantenido en la versión final: «Y, viendo que así transcurrían dos o tres días, Edmund empezó casi comenzó a creer posible que no llegarían a encontrarla jamás».

También en 2013, se publica la versión de Miguel Ángel Pérez Pérez. Lo hace Alianza Editorial en Madrid y la reedita en 2016, 2019 y 2024[15].

No es hasta 2021 cuando se publican las que, hasta la fecha de finalización de este libro, son las dos últimas traducciones. Se trata, en primer lugar, de la que realiza Laura Fernández y que edita Alma en Barcelona. En segundo lugar, la de Javier Bianco Urgoiti, que Edimat (Arganda del Rey) publica en un volumen conjunto con *Northanger Abbey* (*La abadía de Northanger*). También lleva introducción del traductor.

En resumen, tras la primera traducción de *Mansfield Park*, realizada por Guillermo Villalonga y publicada en 1943, encontramos las siguientes cinco retraducciones:

- José María Balil Giró (1954);
- Francisco Torres Oliver (1995);
- Miguel Ángel Pérez Pérez (2013);
- Laura Fernández (2021);
- Javier Bianco Urgoiti (2021).

En los casos de Miguel Martín (1995) y Briggent (2013), parece tratarse de revisiones.

3.2.4. **Emma**

Las traducciones de la novela *Emma* cuentan con 57 entradas en la BNE, incluyendo cuatro versiones infantiles o en formato cómic. La primera traducción fue publicada en 1945 por M. Arimany en Barcelona y estuvo firmada por Jaume Bofill i Ferro. Esta versión solo ha sido reeditada en otra ocasión (2016), en este caso por Biblok (Barcelona).

No encontramos en la BNE otra nueva traducción hasta el año 1972, cuando Salvat Editores publica en Estella la versión del escritor y traductor mexicano Sergio Pitol. Esta traducción ha sido reeditada en cuatro ocasiones más. En 1986, por la misma editorial, y en 2010, 2013 y 2019 por Alba (Barcelona). En el caso de las primeras dos ediciones de Alba (2010 y 2013), se incluyen ilustraciones de Hugh Thomson. Además, la versión de 2019 es un recurso en línea.

En 1978 sale a la luz (con prólogo) la traducción de José María Valverde, en la editorial Lumen (Barcelona), que se reedita 17 veces. En primer lugar, por parte de este mismo sello en 1986, 1995 y 1996. También en 1995 publica la misma versión, prólogo incluido, Círculo de Lectores y en 1997, Orbis-Fabbri en Barcelona[16]. En 2006, aparece en Mondadori (Barcelona). En 2007 y 2010 encontramos la reedición de Debolsillo (Barcelona), esta vez con prólogo de Virginia Woolf. Círculo de Lectores (Barcelona) vuelve a editarla en 2009, sin prólogo, de acuerdo con los datos de la BNE. RBA (Barcelona) hace lo mismo en 2009 y 2010. A partir de 2015, quien publica esta traducción princi-

---

[15] En el estuche de Alianza Editorial ya mencionado.

[16] Aunque en el registro de la BNE no consta el nombre del traductor, parece tratarse de la traducción de Valverde (https://www.iberlibro.com/EMMA-Traducción-prólogo-José-María-Valverde/13105864965/bd).

palmente es Penguin Clásicos (Barcelona): tanto en 2015 (en formato en línea e impreso) como en 2017 y, la última edición hasta ahora, 2022. También en 2015 encontramos la reedición de Literatura Random House (Barcelona) y, en 2018, la de Austral (Barcelona).

En 1982, Planeta (Barcelona) publica la traducción de Carlos Pujol, con introducción y notas, que reedita en 1987, 1997 y 2002 [17]. Además, encontramos otras reediciones: la de Altaya (sin lugar de publicación, 2006), Austral (Barcelona, 2011) y RBA (Barcelona, 2013).

José Luis López Muñoz firma la versión publicada por Alianza (Madrid) en 1996. Esta misma editorial se encarga de cinco de las seis reediciones que tiene la traducción, concretamente, de las de 2007, 2013, 2016, 2023 y 2024 [18]. En 2010, además, encontramos otra edición de Punto de Lectura (Madrid).

El mismo año en el que se publica la traducción de López Muñoz (1996) también sale a la luz la de Ana María Rodríguez. Su traducción es editada por Plaza & Janés (Barcelona), que la reedita en 1997. Las dos siguientes ediciones corren a cargo de Debolsillo (Barcelona) en 2001 y 2003. Las últimas, hasta ahora, las publica en 2004 RBA (Barcelona), en dos formatos: 646 pp. (9 cm) y 446 pp. (22 cm). Se trata de un texto que guarda similitudes con el de Bofill i Ferro, con elecciones muy similares que solo coinciden con las del primer traductor. A continuación se presentan dos ejemplos:

(1)
Traducción de Bofill i Ferro de 1945, p. 41, cap. v:
—No sé qué opina, señora Weston —dijo el señor Knightley—, de esta gran intimidad entre Emma y Harriet Smith, pero esta amistad no me merece un concepto muy favorable.
—¡Que no le merece un concepto favorable! ¿Tal vez ve usted algo desagradable en ello? ¿Por qué?
—No creo que sea un bien para ninguna de las dos.
—Me deja sorprendida. Estoy segura de que Emma puede hacer un gran bien a Harriet; y procurándole un nuevo motivo de interés, es evidente que Harriet puede ser a su vez, un gran bien para Emma. [...]

Traducción de Rodríguez de 1996, p. 47, cap. 5:
—No sé cuál será su opinión, Mrs. Weston —dijo Mr. Knightley—, sobre esta gran intimidad entre Emma y Harriet Smith, pero semejante amistad no me parece muy favorable.
—¡Que no le parece muy favorable! ¿Acaso ve usted algo desagradable en ello? Y si es así, ¿por qué?
—No creo que sea conveniente para ninguna de las dos.
—Me sorprende usted. Estoy segura de que [19] Emma puede hacer un gran bien a Harriet; y procurándole un nuevo motivo de interés, es evidente que la compañía de Harriet puede ser a su vez, muy beneficiosa para Emma. [...]

---

[17]   En el caso de esta reedición, el registro de la BNE no recoge que Pujol es el traductor.
[18]   En el estuche de Alianza Editorial, ya mencionado.
[19]   La adición «estoy segura de que», que Ana María Rodríguez incluye en su versión, solo se encuentra en el texto de Bofill i Ferro. El original inglés reza: «Emma must do Harriet good».

(2)
Traducción de Bofill i Ferro de 1945, p. 238, cap. xxvii:

Emma no se arrepintió de su condescendencia al aceptar la invitación de los Cole. Aquella reunión le dejó excelentes recuerdos. Y cuanto hubiese podido perder en dignidad hermética, quedaba ampliamente compensado por su espléndida popularidad. Había hecho felices a los Cole, excelentes personas que harto merecían que se les procurase un poco de felicidad. Y tras de sí había dejado un nombre que tardaría largo tiempo a desvanecerse.

Traducción de Rodríguez de 1996, p. 287, cap. 27:

Emma no se arrepintió de haber aceptado la invitación de los Cole. Aquella reunión le dejó excelentes recuerdos. Y cuanto hubiese podido perder en rígido aislamiento, quedaba ampliamente compensado por el esplendor de la popularidad. Había hecho felices a los Cole, excelentes personas que merecían que se les procurase un poco de felicidad. Y tras de sí había dejado una fama que tardaría largo tiempo en desvanecerse.

Al año siguiente de las traducciones firmadas por López Muñoz y Rodríguez, en 1997, se publica la de Juani Guerra, con edición propia, en Cátedra (Madrid). No hay constancia en la BNE de nuevas reediciones.

Ya en 2014, Plutón (Barcelona) publica la versión firmada por Benjamin Briggent, que RBA Coleccionables reedita en 2020. También en 2024, Plutón ha publicado un volumen con las traducciones de *Emma* y *Lady Susan*, que aún no se encuentra registrado en el catálogo de la BNE. A pesar de que, como se ha mencionado anteriormente, existen versiones de otras novelas firmadas por Briggent que son similares a traducciones anteriores, no he encontrado en este caso similitudes con otros textos como para poder afirmar que el de Briggent pueda ser revisión de una versión anterior concreta.

La «edición revisada y actualizada» de Sara Alonso la publica Alma (Barcelona) en 2020, con ilustraciones de Dália Adillon. No consta qué traducción se ha revisado y actualizado. Recordemos que esto mismo ocurre con la edición revisada de *Sense and Sensibility* que firma la misma Alonso. La comparación con las traducciones anteriores lleva a pensar que se han podido consultar varias para realizar esta edición revisada y actualizada, sobre todo en el comienzo de la novela. Aun así, es con el texto de Carlos Pujol (1982) con el que parece haber más similitudes. A continuación se exponen dos ejemplos:

(1)
Traducción de Pujol de 1982, p. 27, cap. v:

—No sé qué opinión tendrá usted, señora Weston —dijo el señor Knightley—, acerca de la gran intimidad que hay entre Emma y Harriet Smith, pero a mi entender no es nada bueno.
—¿Nada bueno? ¿Cree usted realmente que es algo malo? ¿Y por qué?
—No creo que sea beneficioso para ninguna de las dos.
—¡Me sorprende usted! Emma puede hacer mucho bien a Harriet; y, al proporcionarle un nuevo motivo de interés, puede decirse que Harriet le hace un bien a Emma.

Edición revisada y actualizada (Sara Alonso) de Alma de 2020, p. 47, cap. v:

—No sé qué opinión tendrá usted, señora Weston —dijo el señor Knightley—, acerca de la gran intimidad que hay entre Emma y Harriet Smith, pero a mi entender no es nada bueno.

—¿Nada bueno? ¿Cree usted realmente que es algo malo? ¿Y por qué?

—No creo que sea beneficioso para ninguna de las dos.

—¡Me sorprende usted! Emma puede hacer mucho bien a Harriet, [*cambio de punto y coma por una coma*] y, al proporcionarle un nuevo motivo de interés [*eliminada la coma*] puede decirse que Harriet le hace un bien a Emma.

(2)
Traducción de Pujol de 1982, p. 110, cap. XVI:

Una vez rizado el cabello y despedida la criada, Emma se puso a meditar en sus desventuras... ¡La verdad es que todo había salido mal! Todos sus planes deshechos, todas sus esperanzas frustradas ¡y de qué modo! ¡Qué golpe para Harriet! Eso era lo peor de todo. Todas las circunstancias de aquella cuestión eran penosas y humillantes por un motivo u otro, pero comparándolo con el mal que se había hecho a Harriet, lo demás carecía de importancia; y Emma habría aceptado gustosa haberse equivocado aún más —haberse hundido aún más en el error—, tenerse que reprochar una falta de criterio aún mayor, con tal de que ella fuera la única que pagase por sus torpezas.

Edición revisada y actualizada (Sara Alonso) de Alma de 2020, p. 159 cap. XVI:

Una vez rizado el cabello y despedida la doncella, Emma se puso a meditar en sus desventuras... ¡La verdad es que todo había salido mal! Todos sus planes deshechos, todas sus esperanzas frustradas ¡y de qué modo! ¡Qué golpe para Harriet! Eso era lo peor de todo. Todas las circunstancias de aquella cuestión eran penosas y humillantes por un motivo u otro, pero comparándolo con el mal que se le había hecho a Harriet, lo demás carecía de importancia; Emma hubiera aceptado gustosa haberse equivocado aún más —haberse hundido aún más en el error—, tenerse que reprochar una falta de criterio aún mayor, con tal de que ella fuera la única que pagase por sus torpezas.

La versión de María Jesús Sevillano Ureta la encontramos por primera vez en Edimat (Arganda del Rey, Madrid) en 2021 y es reeditada el mismo año en un volumen conjunto con *Lady Susan*, *The Watsons* y *Sanditon* y, en el caso de *Emma*, con introducción de Laura Marina Mateos Martínez. En 2022 encontramos que Alma (Barcelona) publica la traducción de Laura Fernández. Por último, la versión más reciente de *Emma* es la que Sushi Books (Cangas do Morrazo, Pontevedra) publica en 2023 a cargo de Moisés Barcia. Esta traducción, además, está «especialmente anotada y prologada para el público juvenil». En concreto, la introducción y las notas son de Ana Bulnes, Raquel Campos Pico y María Ramos Domínguez. El volumen de la traducción de Barcia recoge que se han consultado las ediciones al español de Sergio Pitol, José María Valverde, Juani Guerra, una al portugués (Adriana Sales Zardini) y otra al italiano (Bruno Amato).

Por tanto, tras la primera traducción que se publicó en España (en 1945 y realizada por Jaume Bofill i Ferro), encontramos nueve retraducciones:

- Sergio Pitol (1972);
- José María Valverde (1978);
- Carlos Pujol (1982);
- José Luis López Muñoz (1996);
- Juani Guerra (1997);

- Benjamin Briggent (2014);
- María Jesús Sevillano Ureta (2021);
- Laura Fernández (2022);
- Moisés Barcia (2023).

La versión de Ana María Rodríguez (1996) parece ser, como se ha mostrado, una revisión de Bofill i Ferro.

Además, también aparece en el catálogo de la BNE la «edición revisada y actualizada» de Sara Alonso (2020), que parece guardar similitudes con varios textos y, sobre todo, con el de Carlos Pujol.

3.2.5. **Northanger Abbey**

El título de la obra *Northanger Abbey* ha sido traducido siempre como *La abadía de Northanger*. La BNE recoge 35 registros, de los que uno es en un volumen conjunto con *Mansfield Park*.

La primera traducción la publicó en 1921 en Madrid la editorial Calpe y la realizó Isabel Oyarzábal. Posteriormente cinco sellos la han reeditado, en un total de 11 ocasiones: en 1998, Plaza & Janés[20]; Debolsillo en 2002, 2003 y 2009; Random House Mondadori en 2010; Penguin Clásicos en 2015 (en dos ocasiones, una en línea y otra impresa), 2017, 2018 y 2022; y Penguin Random House Mondadori, en 2023. Todas ellas en Barcelona.

M. Arimany (Madrid) publicó en 1945 la traducción de María Jesús Masoliver, de la que no hay constancia que haya reedición.

También en 1945, la editorial Selecciones Literarias y Científicas publica *La abadía de Northanger* en traducción firmada por las siglas S.L.C. (las de la editorial). Se trata de una versión que solo consta de 191 páginas, pues su tipo de letra es muy pequeño, y que parece tratarse de una revisión del texto de Isabel Oyarzábal, con las modificaciones sobre todo al comienzo de la novela, puesto que son mínimas hacia el final. El año siguiente, en 1946, la Revista Literaria «Novelas y Cuentos» publica en Madrid *La abadía de Northanger*, que, aunque consta solo de 40 páginas, recoge la novela completa. Parece ser también una revisión de la traducción de Oyarzábal, con ligeros cambios, a veces destinados a modernizar el lenguaje.

---

[20]   El Index Translationum de la UNESCO recoge una traducción de 1998 de Plaza & Janés, pero que atribuye a «Isabel de Palencia». Se trata de Isabel Oyarzábal, que se casó con Ceferino Palencia y de ahí que se la cite con ese apellido (https://www.bne.es/es/autores/palencia-isabel).

Se presentan a continuación dos ejemplos de ambas revisiones, con las similitudes subrayadas:

(1)

Traducción de Oyarzábal de 1921, p. 7, capítulo primero:

Nadie que hubiera conocido a Catalina Morland en su primera infancia habrá supuesto que el destino le reservaba un papel de heroína de novela. Ni la posición social de Catalina, ni los caracteres de sus padres, ni el mismo natural de la niña favorecían tal suposición. Era el señor Morland un hombre de vida ordenada, clérigo de profesión y dueño de una pequeña fortuna que, unida a las dos excelentes prebendas que en virtud de su carrera usufructuaba, dábanle para vivir holgadamente. Llevaba por nombre Ricardo; jamás pudo jactarse de ser bien parecido y no se mostró en su vida partidario de tener sujetas a sus hijas.

Traducción de Selecciones Literarias y Científicas (S.L.C.) de 1945, p. 5, cap. I:

Quien hubiera conocido a Catalina Morland en su primera infancia no habría supuesto que el destino le reservaba un papel de heroína de novela, porque ni la posición social de Catalina, ni el carácter de sus progenitores, y mucho menos el de la niña, favorecían tal suposición. Era el señor Morland un hombre de vida ordenada, clérigo de profesión y poseedor de una pequeña fortuna que, unida a las dos excelentes prebendas que en virtud de su carrera usufructuaba, le permitían vivir holgadamente. Se llamaba Ricardo y jamás pudo jactarse de ser bien parecido, no mostrándose en su vida partidario de tener sujetas a sus hijas.

Traducción de Revista Literaria «Novelas y Cuentos» de 1946, p. 2, cap. I:

Quien conociera a Catalina Morland en su primera infancia no podría suponer que el destino le reservaba un papel de heroína de novela. Ni la posición social de ella, ni los caracteres de sus padres, ni la misma naturaleza de la niña favorecían tal hipótesis. El señor Morland era un hombre de vida ordenada, clérigo y dueño de una pequeña fortuna; unida ésta a las dos excelentes prebendas que en virtud de su sacerdocio usufructuaba, le daban para vivir con holgura. Se llamaba Ricardo; nunca pudo presumir de ser apuesto y no se mostró en su vida partidario de tener sujetas a sus hijas.

(2)

Traducción de Oyarzábal de 1921, p. 237, cap. XXII:

El ruido que al desentonar los postigos hizo la doncella a la mañana siguiente fué [sic] lo que primero obligó a Catalina a volver a la realidad. Abrió la niña los ojos, sorprendida de haberlos podido cerrar después de lo ocurrido la noche antes, y vió [sic] con satisfacción que había cesado la tormenta y que en su habitación todo respiraba sosiego y tranquilidad.

Con el sentido recobró la facultad de pensar, y acto seguido volvió a su mente el recuerdo del manuscrito, [...].

Traducción de Selecciones Literarias y Científicas (S.L.C.) de 1945, p. 129, cap. XXII:

El ruido que al desentonar los postigos hizo la doncella a la mañana siguiente fué [sic] lo que primero obligó a Catalina a volver a la realidad. Abrió la niña los ojos, sorprendida de haberlos podido cerrar después de lo ocurrido la noche antes, y vió [sic] con satisfacción que había cesado la tormenta y que en su habitación todo respiraba sosiego y normalidad.

Con el sentido recobró la facultad de pensar, y acto seguido volvió a su mente el recuerdo del manuscrito, [...].

Traducción de Revista Literaria «Novelas y Cuentos» de 1946, p. 27, cap. xxii:
El ruido que al desentonar los postigos hizo la doncella a la mañana siguiente fué [sic] lo que primero obligó a Catalina a volver a la realidad. Abrió la niña los ojos, sorprendida de haber podido cerrarlos después de lo ocurrido la noche antes, y vió [sic] con satisfacción que había cesado la tormenta y que en su habitación todo respiraba sosiego y tranquilidad.

Con los sentidos recobró la facultad de pensar y en el acto volvió a su mente el recuerdo del manuscrito, [...].

Además, Herrero López (2015: 246) localiza una traducción firmada por Juan Ruiz de Larios en 1945 y editada por Bruguera que, indica, también se basa en la de Oyarzábal. Este texto no está en el catálogo de la BNE.

Ya en 1983, sale a la luz la traducción de Guillermo Lorenzo. La publica Bruguera (Barcelona). Posteriormente, la edita Alba (Barcelona) en 1996, 2000, 2010 y 2012, RBA en 2004, Círculo de Lectores (Barcelona, 2009) y el sello RBA Coleccionables (Barcelona) en 2020.

Miguel Ángel Pérez Pérez se encarga de la traducción que Alianza Editorial (Madrid) publica en 2012 y reedita en 2016, 2019 y 2024[21].

Encontramos también una versión firmada por Benjamin Briggent en 2013, a cargo, como siempre, de la editorial Plutón (Barcelona). Este texto igualmente parece guardar muchas similitudes con el de Oyarzábal y, por ese motivo, se considera una revisión en este trabajo. A continuación, a modo de ejemplo, se exponen los mismos dos fragmentos que se acaban de mostrar, donde se puede observar que, en ocasiones, las modificaciones solo consisten en cambiar de lugar ciertos vocablos:

(1)
Traducción de Oyarzábal de 1921, p. 7, capítulo primero:
Nadie que hubiera conocido a Catalina Morland en su primera infancia habrá supuesto que el destino le reservaba un papel de heroína de novela. Ni la posición social de Catalina, ni los caracteres de sus padres, ni el mismo natural de la niña favorecían tal suposición. Era el señor Morland un hombre de vida ordenada, clérigo de profesión y dueño de una pequeña fortuna que, unida a las dos excelentes prebendas que en virtud de su carrera usufructuaba, dábanle para vivir holgadamente. Llevaba por nombre Ricardo; jamás pudo jactarse de ser bien parecido y no se mostró en su vida partidario de tener sujetas a sus hijas.

Traducción de Briggent de 2013, p. 7, sin división de capítulos:
Nadie que hubiera conocido a Catherine Morland en su niñez habría imaginado que el destino le reservaba un papel de heroína de novela. Ni su posición social ni el carácter de sus padres, ni tan solo la personalidad de la niña favorecían tal suposición. Mr. Morland era un hombre de vida ordenada, clérigo y dueño de una pequeña fortuna que, unida a los dos excelentes beneficios que en virtud de su profesión usufructuaba, le daban para vivir con largueza. Su nombre era Richard; jamás pudo jactarse de ser bien parecido y no se mostró en su vida partidario de tener sujetas a sus hijas.

---

[21]   En el estuche de Alianza que aún no consta en el catálogo de la BNE.

(2)
Traducción de Oyarzábal de 1921, p. 237, cap. XXII:
El ruido que al desentonar los postigos hizo la doncella a la mañana siguiente fué [sic] lo que primero obligó a Catalina a volver a la realidad. Abrió la niña los ojos, sorprendida de haberlos podido cerrar después de lo ocurrido la noche antes, y vió [sic] con satisfacción que había cesado la tormenta y que en su habitación todo respiraba sosiego y tranquilidad.

Con el sentido recobró la facultad de pensar, y acto seguido volvió a su mente el recuerdo del manuscrito, [...].

Traducción de Briggent de 2013, p. 187, sin división de capítulos:
El ruido que a la mañana siguiente hizo la doncella al abrir los postigos fue lo primero que obligó a Catherine a volver a la realidad. Abrió los ojos, sorprendida de haber podido cerrarlos después de lo ocurrido la noche anterior, y comprobó con satisfacción que la tormenta había cesado y que en su habitación todo respiraba tranquilidad y sosiego [cambio de orden de los sustantivos].

Con el sentido recobró la facultad de pensar, y acto seguido volvió a su mente el recuerdo del manuscrito, [...].

En 2021, Edimat (Arganda del Rey, Madrid), edita un volumen conjunto, ya mencionado, de *La abadía de Northanger* con *Mansfield Park*. La traducción de la primera novela corre a cargo de Ana Isabel Perea Calderón y su introducción, de Laura Marina Mateos Martínez. En 2022, Zinet Media Group (Madrid) publica lo que define como una «adaptación» de Henar L. Senovilla, si bien la BNE lo recoge como traductor. La última nueva traducción, hasta el momento, es la de Laura Fernández, publicada por Alma (Barcelona) en 2022 y con ilustraciones de Giselfust.

Encontramos también una serie de registros en los que no consta el nombre de quién ha traducido la obra. Se trata de los siguientes: 1945 (Alejo Climent, Barcelona); 1953 (Dólar, Madrid); 2009 (Simancas, Palencia); 2017 (Alba, sin constancia de ciudad; quizás podría tratarse de la traducción de Guillermo Lorenzo, que, como se indica párrafos antes, Alba edita hasta en cuatro ocasiones); y 2023 (Club Internacional del Libro, Madrid).

Así, tras la primera traducción de Isabel Oyarzábal en 1921, encontramos seis retraducciones de *Northanger Abbey*:

- María Jesús Masoliver (1945);
- Guillermo Lorenzo (1983);
- Miguel Ángel Pérez Pérez (2012);
- Ana María Perea Calderón (2021);
- Henar L. Senovilla (2022);
- Laura Fernández (2022).

Además, hay otras publicaciones (la de S.L.C., la de Revista Literaria «Novelas y Cuentos» y la de Briggent) que parecen ser, en realidad, revisiones. Por último, también constan cinco registros sin nombre de traductor o traductora.

3.2.6. **Persuasion**

La BNE cuenta con 46 registros para traducciones de *Persuasion*, si bien en cuatro ocasiones son en un volumen conjunto con *Sanditon*, en otra con *Sense and Sensibility* y en otra con *Pride and Prejudice*.

La primera traducción de *Persuasion* (y de una novela de Austen en España) la publicó Calpe en Madrid en 1919 y la realizó Manuel Ortega y Gasset. Posteriormente, se ha reeditado en 13 ocasiones. Espasa Calpe la publicó en Buenos Aires en 1948. Plaza & Janés (Barcelona) hizo lo propio en 1997, 1998 y 1999. En 2003 y 2008 la reedita Debolsillo (Barcelona); Penguin Clásicos (Barcelona) en 2015 (en dos ocasiones, una de ellas en línea y otra con introducción de Gillian Beer), 2017, 2018, 2022 y 2023. Por último, Austral (Barcelona) en 2022.

En 1945, Bruguera (Barcelona) publica la traducción de Juan Ruiz de Larios. Aunque a primera vista no es similar a la de Ortega y Gasset de 1919, sí coincide en algún error con esta. En el mismo año, Surco (Barcelona) edita la de M. L. M, que se vuelve a publicar en 2020 en Biblok (Barcelona), esta vez recogiendo el nombre completo de la traductora: María Luz Morales. Al contrario que Ruiz de Larios, la versión de Morales parece ser más similar a la de Ortega y Gasset. También recoge algún error de este. Esto sucede igualmente con la edición de 1948 de Revista Literaria «Novelas y Cuentos», en la que no consta nombre del traductor pero que es, en realidad, una revisión de la traducción de Ortega y Gasset, destinada a modernizar el lenguaje. Un error de Ortega y Gasset que encontramos en estas tres traducciones consiste en que, en la página 142, se traduce la palabra *south-easterly* por «sudoeste», en lugar de «sudeste». El mismo término aparece en Ruiz de Larios (p. 90), M. L. M. (p. 127) y la Revista Literaria «Novelas y Cuentos» (p. 14). No se repite en ningún otro texto consultado.

En 1947, Baguña Hermanos publica en Barcelona una edición de *Persuasion*. Se cataloga como una «revisión literaria de Montenegro», que es, como registra la BNE, el seudónimo de Heliodoro Sillo Sutterolli. Se trata, en realidad, de una revisión de la traducción de Ortega y Gasset con pocos cambios, entre ellos la subsanación del error de *south-easterly*, apenas mencionado.

A continuación, se exponen dos fragmentos de la traducción de Ortega y Gasset comparados con las versiones publicadas por Bruguera (Juan Ruiz de Larios), Surco (M. L. M.), la Revista Literaria «Novelas y Cuentos» y por Baguña Hermanos, con las similitudes subrayadas:

(1)
Traducción de Ortega y Gasset de 1919, p. 26, cap. III:
—Permítaseme observar —decía una mañana Shepherd en Kellynch Hall, al tiempo que dejaba el periódico— que las circunstancias se ponen en nuestro favor. Esta paz traerá a tierra a todos nuestros ricos marinos. Todos han de necesitar vivienda. No podría soñarse ocasión más propicia para elegir inquilino; un inquilino de responsabilidad. Durante la guerra se han hecho buenas fortunas. Si tropezáramos con algún rico almirante, sir Walter…

Traducción de Ruiz de Larios de 1945, p. 15, cap. III:

Una mañana en que Shepherd se hallaba en Kellynch Hall y mientras dejaba sobre la mesa el periódico que había estado hojeando, exclamó:

—Permítame decirle que las circunstancias van a favorecernos, pues esta paz va a traer <u>a tierra a todos nuestros</u> acaudalados <u>marinos</u>. Todos ellos van a necesitar un hogar y parece ésta una ocasión que ni pintada para poder escoger un buen inquilino, una persona respetable. Se han hecho muchas y grandes fortunas durante esta guerra. Sir Walter; si tuviéramos la buena suerte de dar con algún rico almirante...

Traducción de M. L. M. de 1945, p. 23, cap. sin numerar:

—Déjenme señalar —<u>decía</u> cierta <u>mañana Shepherd en Kellynch Hall</u>, al dejar el periódico— <u>que las circunstancias se ponen</u> a <u>nuestro favor. Esta paz traerá a tierra a todos nuestros marinos ricos</u>. <u>Todos</u> necesitarán <u>vivienda</u>. <u>No podría soñarse</u> mejor <u>ocasión para elegir un inquilino de responsabilidad</u>. <u>Durante la guerra se han hecho buenas fortunas. Si tropezáramos con algún rico almirante</u>, sir Walter...

Traducción de Baguña Hermanos de 1947, p. 13, cap. III:

—Si me lo permite —observó <u>una mañana Shepherd en Kellynch Hall, al tiempo que dejaba el periódico</u>— diré <u>que las circunstancias se ponen</u> a <u>nuestro favor. Esta paz traerá a tierra a todos nuestros ricos marinos</u>. <u>Todos</u> necesitarán <u>vivienda</u>. <u>No podría soñarse ocasión</u> mejor <u>para elegir inquilino; un inquilino</u> que tenga <u>responsabilidad</u>. <u>Durante la guerra se han hecho</u> fortunas considerables. <u>Si tropezáramos con algún rico almirante, sir Walter</u>...

Traducción de Revista Literaria «Novelas y Cuentos» de 1948, p. 4, cap. III:

—<u>Permítaseme observar</u> —decía <u>una mañana Shepherd en Kellynch Hall, al tiempo que dejaba el periódico</u>— <u>que las circunstancias se ponen</u> en <u>nuestro favor. Esta paz traerá a tierra a todos nuestros ricos marinos</u>. Todos han de <u>necesitar vivienda</u>. <u>No podría soñarse ocasión</u> más propicia <u>para elegir inquilino; un inquilino de responsabilidad</u>. <u>Durante la guerra se han hecho buenas fortunas. Si tropezáramos con algún rico almirante, sir Walter</u>...

(2)

Traducción de Ortega y Gasset de 1919, p. 142, cap. XII:

Ana y Enriqueta, que fueron las más madrugadoras a la mañana siguiente, convinieron en dar un paseo hasta el mar antes del desayuno. Llegaron a la playa para contemplar el flujo de la marea, que venía a impulsos de una ligera brisa del Sudoeste, y que tenía la grandeza compatible con la suavidad de la costa. Cantaron las bellezas de la mañana, dedicaron al mar gloriosas alabanzas, coincidieron en el placer que les causaba aquella fresca brisa..., y callaron. De pronto, Enriqueta comenzó así: [...]

Traducción de Ruiz de Larios de 1945, p. 90, cap. XII:

A la mañana siguiente, Ana y Enriqueta fueron las que se levantaron más temprano, por lo que resolvieron dar un paseo hasta la orilla del mar <u>antes del desayuno</u>. Se llegaron hasta la playa para poder contemplar la marejada que iba subiendo llevada por el impulso de un ligero vientecillo del <u>Sudoeste</u>, que le prestaba toda <u>la grandeza</u> que era <u>compatible con la suavidad de la costa</u>. Las dos muchachas se sintieron entusiasmadas por el espectáculo, aumentado por la belleza de aquella fresca mañana; se deshicieron en alabanzas ante la grandeza del mar, hallando que ambas sentían un gran placer por disfrutar de aquella placentera brisa matutina. Luego permanecieron calladas unos instantes, hasta que Enriqueta empezó a hablar en esta forma: [...]

Traducción de M. L. M. de 1945, p. 127, cap. sin numerar:

A la mañana siguiente, Ana y Enriqueta, que fueron las más madrugadoras, decidieron dar un paseo hasta el mar antes del desayuno. Llegaron a la playa para contemplar la marea, a impulsos de una ligera brisa del Sudoeste, con toda la grandeza compatible con la suavidad de la costa. cantaron las bellezas de la mañana, dedicaron al mar entusiastas elogios, coincidieron en el placer que les causaba aquella fresca brisa… De pronto, Enriqueta habló así: […]

Traducción de Baguña Hermanos de 1947, p. 56, cap. XII:

A la mañana siguiente, Ana y Enriqueta, que fueron las que más madrugaron acordaron dar un paseo hasta el mar antes del desayuno. Llegaron a la playa para contemplar el flujo de la marea, que tenía toda la grandeza compatible con la suavidad de la costa. Cantaron las bellezas de la mañana, dedicaron al mar gloriosas alabanzas, coincidieron en el placer que les producía aquella fresca brisa…, y callaron. De repente Enriqueta dijo:

Traducción de Revista Literaria «Novelas y Cuentos» de 1948, p. 14, cap. XII:

Ana y Enriqueta, que fueron las más madrugadoras a la mañana siguiente, acordaron dar un paseo hasta el mar antes del desayuno. Llegaron a la playa para contemplar el flujo de la marea, que venía a impulsos de una ligera brisa del Sudoeste, y tenía la grandeza compatible con la suavidad de la costa. Cantaron las bellezas de la mañana, dedicaron al mar gloriosas alabanzas, coincidieron en el placer que les causaba aquella fresca brisa… y callaron. De pronto Enriqueta comenzó así: […]

Como se puede observar, aunque la traducción de Ruiz de Larios coincide en algunos puntos con la de Ortega y Gasset (al igual que en el error mencionado), difiere en la mayoría de la redacción, por lo que se considera retraducción en este trabajo[22].

En 1958, Editorial Juventud (Barcelona) publica una traducción con ilustraciones de Marta Ribas. Este texto había sido publicado antes, en 1941, por Juventud Argentina en dicho país. Juventud vuelve a editar, en 2004 en Barcelona, una traducción de *Persuasion*, atribuyéndola en ese caso a José Fernández Z. Este consta también como traductor de las reediciones de 2004 de RBA (Barcelona) y las de Alma (Barcelona), en 2019 y 2022, que incluyen ilustraciones de Dàlia Adillon. En el caso de Alma, se trata de una «edición revisada y actualizada», aunque no se menciona quién realiza esta tarea.

Ya en 1996, encontramos la publicación de la traducción de Francisco Torres Oliver por parte de Alba (Barcelona), en un volumen conjunto con *Sanditon*. La editorial la reedita en 2012, 2014 (en línea) y 2017, en todos los casos también con esa obra. Círculo de Lectores (Barcelona) publica la traducción en solitario en 2009, mismo año en el que RBA la edita con un prólogo de Rosa Regás. Esta editorial vuelve a publicar la misma versión con prólogo al año siguiente, en 2010. En 2020, se publica otra reedición de la traducción de Torres Oliver, por parte de RBA Coleccionables.

---

[22] Zaro Vera realizó en 2005 una comparación de varias traducciones de *Persuasion* con la suya propia de 2003. En los ejemplos que proporciona en ese trabajo tampoco se aprecia la similitud entre los textos de Ortega y Gasset y Ruiz de Larios.

En 1998, la editorial Andrés Bello Española (Barcelona) publica la traducción de I. de la C. y C. G. Cinco años más tarde, en 2003, Cátedra hace lo mismo con la de Juan Jesús Zaro, que va acompañada de edición de Pilar Hidalgo Andreu. Esta traducción incluye el segundo final de *Persuasion* que Austen escribió, algo que no ocurre en sus reediciones en Alianza Editorial (Madrid) en 2013, 2016, 2020 y 2024 [23].

En 2013, volvemos a encontrar una versión firmada por Benjamin Briggent y publicada por Plutón en Barberà del Vallés (Barcelona), que se reedita en 2017 [24]. Por último, como ya se ha mencionado en el apartado 3.2.2., la misma editorial publica, en 2022, esta versión con la suya propia de *Pride and Prejudice*. En esta ocasión no he encontrado similitudes con las traducciones anteriores consultadas, por lo que en este trabajo se considerará una retraducción.

En 2016, la editorial D'època (Morcín, Asturias) publica la traducción conjunta de Rosa Sahuquillo Moreno y Susana González, con introducción de José Luis Caramés Lage e ilustraciones originales de Charles Edmund Brock.

Las últimas traducciones publicadas hasta el momento son la de Celia Recarey Rendo (Cartoné, Santiago de Compostela, 2017), la de Pedro Ruiz de Luna (en un volumen conjunto con *Sentido y sensibilidad*, con introducción de Laura Marina Mateos Martínez y publicado por Edimat en Arganda del Rey, Madrid, en 2021), la de Ana Mata Buil (Ediciones Invisibles, Barcelona, 2023) y la de Marta Reyes Seco (Mestas, Algete, Madrid, 2023).

Adicionalmente, en el catálogo de la BNE consta una traducción editada por Club Internacional del Libro (Madrid) en 2023, en la que no se recoge quién traduce. Esta editorial tampoco hacía referencia a la autoría de la traducción en sus ediciones de *Orgullo y prejuicio* o *La abadía de Northanger*, como se ha observado en los apartados dedicados a esas novelas.

En resumen, tras la primera traducción de *Persuasion*, en 1919 y realizada por Manuel Ortega y Gasset, se han publicado 11 retraducciones:

- Juan Ruiz de Larios (1945);
- Editorial Juventud (1958) / José Fernández Z. (2004);
- Francisco Torres Oliver (1996);
- I. de la C. y C. G. (1998);
- Juan Jesús Zaro (2003);
- Benjamin Briggent (2013);
- Rosa Sahuquillo y Susana González (2016);
- Celia Recarey Rendo (2017);

---

[23]   En 2024, la traducción de Zaro se incluye en el estuche de Alianza que se ha mencionado anteriormente y que aún no se ha catalogado en la BNE.

[24]   Todas las traducciones atribuidas a Benjamin Briggent las vuelve a publicar en 2019 Plutón (Barberà del Vallés, Barcelona), en un volumen titulado *Novelas completas*.

- Pedro Ruiz de Luna (2021);
- Ana Mata Buil (2023);
- Marta Reyes Seco (2023).

Además, encontramos la versión sin nombre de traductor/a de Club Internacional del Libro y las de M. L. M., Baguña Hermanos, y la Revista Literaria «Novelas y Cuentos», que, tras ser comparadas, parecen ser revisiones del texto de Ortega y Gasset.

3.2.7. *Otras obras*

En este apartado, se mostrarán las traducciones, retraducciones, revisiones y ree-diciones que constan en la BNE (o que conocemos por otros medios) de otras obras firmadas por Jane Austen. Se trata de *The Watsons, Sanditon, Lady Susan* y las obras de juventud o *Juvenilia*.

En lo que se refiere a ediciones de obras en solitario, encontramos una única tra-ducción de *Los Watson*, realizada por Íñigo Jáuregui y con ilustraciones de Sara Morante, publicada por Nórdica Libros (Madrid) en 2012. La misma editorial la reedita en línea al año siguiente. Por su parte, Círculo de Lectores (Barcelona) también la publica en 2017. En ambos casos se mantienen las ilustraciones de Morante.

Solo una traducción de *Sanditon* se publica en volumen único; la edita Alma (Barce-lona) en 2023, a cargo de Laura Fernández. Está prologada por Olga Merino e ilustrada por Giselfust.

Por su parte, *Lady Susan* es la novela inacabada cuya traducción ha sido editada en solitario en un mayor número de ocasiones. La primera que consta en la BNE es la del argentino Marcelo Cohen por parte de la editorial Icaria (Barcelona) en 1984, con prólogo de Marta Pessarrodona y reeditada en otras cuatro ocasiones, por diferentes edi-toriales: Orbis (Barcelona) en 1989, Ediciones del Bronce (Barcelona) en 2000, Esencia (Barcelona) en 2008 y Montesinos (Vilassar de Dalt, Barcelona), en 2023.

En 1998, Unidad (Madrid) publica la traducción de José Casellas Guitart. Encontra-mos también la traducción de Marta Salís en 2007 y 2008 (en primer lugar, en El País, Madrid y, en segundo lugar, en Alba, Barcelona). Ya había sido editada en el año 2000, en un volumen conjunto con *Los Watson*, como se indica más adelante.

La traducción de Carme Camps se publica en dos formatos —en papel y en línea— en 2014 de manos de Nórdica Libros (Madrid). En 2019, Páginas de Espuma (Madrid) edita la versión del argentino Eduardo Berti. Por último, en 2022, Palabras de Agua Editorial (Leganés) publica la traducción de Javier Martos y, en 2023, RBA Coleccio-nables hace lo propio con una versión firmada por Benjamin Briggent. Como se indicará más adelante, en 2014 ya se había publicado una traducción de *Lady Susan* atribuida a Briggent, en un volumen conjunto con otras obras.

En último lugar, recogemos las ediciones en solitario de traducciones de las obras de juventud o *Juvenilia*. En primer lugar, *Love and Friendship* o *Amor y amistad*, cuya traducción de Menchu Gutiérrez publica Alba en Barcelona en los años 1998 y 2017 y reedita también RBA Coleccionables (Barcelona) en 2020.

En 2008, Funambulista (Madrid) publica (y en 2012 reedita) *El castillo de Lesley y otras historias de juventud*, cuya traducción realiza Celia Turrión Penelas.

Por último, la traducción de una selección de los *Juvenilia* realizada por Anabel Palacios Martín y con prólogo de Julia García Felipe, la publica Libros de la Ballena en Madrid en 2021.

En ocasiones, encontramos varias de estas obras en el mismo libro. Ya se ha mencionado, por ejemplo, el volumen de *Persuasion y Sanditon*, en traducción realizada por Francisco Torres Oliver, editado por Alba (Barcelona) en 1996 y reeditado en 2012, 2014 y 2017.

Por otro lado, en el año 2000 se publican en edición conjunta las traducciones que Marta Salís realiza de *Lady Susan* y *Los Watson*. Corren a cargo de la editorial Alba, en Barcelona. Este volumen se reedita en 2011 y 2015. También, como se ha indicado antes, *Lady Susan* se publica en solitario en 2007 y 2008. En 2014, Plutón (Barcelona) edita la versión firmada por Benjamin Briggent de *Lady Susan*, *Los Watson* y *Sanditon*. Además, en 2024 RBA Coleccionables (Barcelona) ha editado otro volumen conjunto de *Sanditon* y *Lady Susan* firmadas por Briggent, y Plutón, uno de *Emma y Lady Susan*. Como ya se ha mencionado en el apartado 3.1., según Herrero López (2018), la traducción de *Sanditon* a nombre de Briggent está basada en la autopublicada por Andrés C. M. Riveira en la editorial Bubok, versión que no consta en el catálogo de la BNE.

En 2017, Alianza (Madrid) publica las traducciones de Miguel Ángel Pérez Pérez en un volumen titulado *Lady Susan y Otras novelas*. Esas «otras novelas» son *Los Watson*, *Amor y amistad y Sanditon*. La misma editorial reedita el libro en 2021. En esta ocasión, el título sí recoge el total de obras incluidas: *Lady Susan, Los Watson, Amor y amistad y Sanditon*. Alianza también incluye estos textos en su estuche conmemorativo de los 250 años del nacimiento de Austen que ha publicado en 2024 y que aún no consta en el catálogo de la BNE.

En 2021 encontramos el volumen *Orgullo y prejuicio; Juvenilia*, de Edimat (Arganda del Rey, Madrid), que incluye las traducciones de Patricia Franco Lommers (*Orgullo y prejuicio*) y Cristina Zuil González (*Juvenilia*). En este caso, hay introducciones de Ivana Mollo y Laura Marina Mateos Martínez, respectivamente.

Por último, también en 2021, esta misma editorial (Edimat, Arganda del Rey, Madrid) publica un volumen con *Emma, Lady Susan, Los Watson y Sanditon*. En él, la introducción es de Laura Marina Mateos Martínez y los traductores son los siguientes: María Jesús Sevillano Ureta (*Emma*), Cristina Zuil González (*Lady Susan* y *Los Watson*) y Pedro Ruiz de Luna (*Sanditon*).

A modo de resumen, y para facilitar la consulta, puesto que las diversas traducciones se han ido exponiendo según se editaban en solitario o en volúmenes conjuntos, se indican a continuación los traductores de cada una de las traducciones y retraducciones mencionadas en este apartado. Las fechas señaladas son las de la primera edición de cada versión:

- *Sanditon*: Francisco Torres Oliver (primera traducción editada en España, 1996), Miguel Ángel Pérez Pérez (2017), Pedro Ruiz de Luna (2021) y Laura Fernández (2023). Por tanto, *Sanditon* cuenta con tres retraducciones.
- *Lady Susan*: Marcelo Cohen (primera traducción editada en España, 1984), José Casellas Guitart (1998), Marta Salís (2000), Benjamin Briggent (2014), Carme Camps (2014), Miguel Ángel Pérez Pérez (2017), Eduardo Berti (2019), Cristina Zuil González (2021) y Javier Martos (2022). *Lady Susan* es la más retraducida en este apartado, en ocho ocasiones.
- *Los Watson*: Marta Salís (primera traducción editada en España, 2000), Íñigo Jáuregui (2012), Benjamin Briggent (2014), Miguel Ángel Pérez Pérez (2017) y Cristina Zuil González (2021). *Los Watson* cuenta con cuatro retraducciones.
- *Amor y amistad*: Menchu Gutiérrez (primera traducción editada en España, 1998) y Miguel Ángel Pérez Pérez (2017). Esta obra solo tendría una retraducción.
- *Juvenilia* (diversas historias): Celia Turrión Penelas (2008), Anabel Palacios Martín (2021) y Cristina Zuil González (2021).

La versión de *Sanditon* firmada por Briggent en 2014 se consideraría revisión, según los datos aportados por Herrero López (2018) y mencionados antes.

3.2.8. *Versiones*

En el catálogo de la BNE encontramos un total de 27 registros correspondientes a lo que se pueden considerar versiones. Para poder visualizarlas mejor, se exponen según su naturaleza: infantil/juvenil; novelas gráficas; versiones abreviadas; e historias con argumento diferente, pero que toman elementos de alguna de las novelas o de la vida de Austen. También se mencionarán las realizadas directamente en español.

En lo que respecta a las versiones destinadas al público infantil o juvenil, se han detectado las siguientes obras. En primer lugar, una adaptación de *Pride and Prejudice* firmada por el personaje Tea Stilton, creado por Elisabetta Dami. Su traducción la publica Destino Infantil y Juvenil (Barcelona) en 2020 y la realiza Helena Aguilà Ruzola. El registro de la BNE indica lo siguiente: «Texto original de Jane Austen; adaptación libre de Tea Stilton; inspirado en una idea original de Elisabetta Dami; ilustraciones de la historia de Barbara Pellizari y Carolina Livio (diseño) y Christian Aliprandi (color)».

Otra adaptación similar también firmada originalmente por el personaje Tea Stilton es la de *Sense and Sensibility*, publicada por Destino Infantil y Juvenil (Barcelona, 2022) y también traducida por Helena Aguilà Ruzola. Tiene ilustraciones de Carolina Livio y Barbara Pellizzari (diseño), Valeria Cairoli (tinta plana) y Daria Cerchi (color).

Encontramos, asimismo, una adaptación de *Emma*, realizada por Katy Birchall, traducida por Jofre Homedes Beutnagel y publicada por Harperkids (Madrid) en 2021. Esta adaptación lleva, además, ilustraciones de Églantine Ceulemans. El mismo año se publica una edición similar (HarperCollins Ibérica, Madrid). En este caso, la versión es de Katherine Woodfine. La traducción también es de Jofre Homedes Beutnagel y las ilustraciones de Églantine Ceulemans. Según consta en el registro de la BNE, además, se trata de una «adaptación infantil». Por último, Harperkids (Barcelona) publica en 2023 una versión de *Sense and Sensibility*, con texto de Joanna Nadin y, como en los dos casos mencionados en este párrafo, traducción de Jofre Homedes Beutnagel e ilustraciones de Églantine Ceulemans.

En cuanto a adaptaciones realizadas directamente en español (es decir, que no son traducciones), encontramos una de *Pride and Prejudice* catalogada por la BNE en libros infantiles, realizada por Lourdes Íñiguez e ilustrada por Mónica Armiño. La publicó Anaya (Madrid) en 2017.

En 2018, también se publicó una adaptación de la misma novela realizada por Carmen Giménez Morte y editada por Pedro de la Horra Moreno. La editó Micomicona ediciones (Manises, Valencia). Esta editorial parece estar centrada en el ámbito educativo y tiene varias versiones de clásicos en su catálogo. En la sinopsis, que se puede consultar en la web de la Casa del Libro, se indica: «Los libros de texto de esta colección constituyen unos instrumentos útiles para alumnos y alumnas de Educación Secundaria, con temas seleccionados para mejorar sus conocimientos. [...] Los profesores hallarán en este libro de texto de Educación Secundaria una herramienta válida de apoyo escolar».

En 2020, Alma (Barcelona) publica una adaptación infantil de *Pride and Prejudice* realizada por Carmen Gil y con ilustraciones de Paty Aguilera. Según el catálogo de BNE se trata de «24 páginas sin numerar: principalmente ilustraciones». El sitio web de la editorial destina la adaptación a edades comprendidas entre los 0 y los 5 años y la describe de la siguiente forma: «Gracias a los divertidos e ingeniosos textos rimados, las mentes más jóvenes podrán disfrutar de las tramas adaptadas y de los personajes más importantes de la historia de la literatura universal».

En 2022, Destino Infantil y Juvenil (sello de Planeta) publica en Barcelona otra adaptación infantil de *Emma* (en este caso dirigida a público de 9 a 12 años). La realiza Care Santos y lleva ilustraciones de Mercedes Palacios. El sitio web de Planeta la describe así: «Una maravillosa adaptación que acerca los clásicos al joven lector, fomentando así su lectura».

Por último, encontramos una versión de *Pride and Prejudice*, publicada por Emse Edapp (Barcelona) también en 2022, con «textos» de María Cecilia Cavallone y con ilustraciones de GallegoBros. Se trata de un volumen con solo 32 páginas y catalogado en la sección de «Libros infantiles/juveniles».

En lo que respecta a las novelas gráficas, la BNE recoge una adaptación de *Emma* realizada por Nancy Butler, con dibujos de Janet K. Lee y traducida por Santiago García. La publica en 2013 Panini Cómics (Torroella de Montgrí, Girona). Butler también adapta al formato cómic *Pride and Prejudice* en 2013 y *Sense and Sensibility* en 2014. Estas dos adaptaciones también han sido traducidas por Santiago García, las edita igualmente Panini Cómics en la localidad anteriormente mencionada y tienen dibujos de Hugo Petrus y de Sonny Liew, respectivamente. Por otro lado, en 2016, la editorial Norma en Barcelona publica una versión de *Pride and Prejudice* realizada por Stacy King, con dibujos de Po Tse y con traducción de Annabel Espada. La BNE indica que el texto está editado en el sentido de lectura de la lengua japonesa. El mismo año se publica otra adaptación de Stacy King, esta vez de *Sense and Sensibility*, con el mismo dibujante y en la misma editorial, pero traducida por Sandra de Lamo Ollero.

Ya en 2019, Norma (Barcelona) edita la adaptación de *Emma* realizada por Crystal S. Chan, también con dibujos de Po Tse y, como la apenas mencionada, traducida por Sandra de Lamo Ollero. El texto está dispuesto, igualmente, en el sentido de la lectura japonesa. En este mismo año encontramos también una adaptación a novela gráfica de *Pride and Prejudice* realizada originalmente por Ian Edginton, ilustrada por Robert Deas y traducida por Sheila Espinosa Arribas. La publica Bruguera (Barcelona).

Por otro lado, el catálogo de la BNE recoge varias versiones abreviadas de obras de Austen. En concreto, las versiones bilingües «abreviadas y simplificadas» de *Sense and Sensibility* y *Pride and Prejudice*, de las que consta la siguiente información: «edición y traducción: Multiactiva creación y servicios editoriales y Rosario Outes». Poco más he encontrado de estos textos, que aparecen como editados por PMI en Barcelona en 2008 y 2009, respectivamente. Según el catálogo, no obstante, en la página 4 de la cubierta de ambos se puede leer la leyenda «Planeta de Agostini». El catálogo de la BNE recoge a Outes como traductora de otras ediciones también bilingües abreviadas y simplificadas: *Drácula, Hamlet, Heart of Darkness, The Last of the Mohicans, Robinson Crusoe, Romeo and Juliet* o *The Scarlet Letter*. Además, en el Index Translationum de la UNESCO consta como traductora de *Sense and Sensibility*.

El universo creado por Jane Austen en sus obras ha llevado consigo que se creen historias basadas de algún modo en alguna de las novelas de la autora, pero con temáticas o personajes a veces radicalmente diferentes. Es el caso, por ejemplo, de la saga *Bridget Jones*, de Helen Fielding (que empezó a publicarse en 1999) o la novela *Austenland* (2007), de Shannon Hale. Este último libro no aparece recogido en el catálogo de la BNE (sí lo hace su adaptación cinematográfica, como se expondrá más adelante).

También incluimos en este grupo a obras de parodia como *Pride and Prejudice and Zombies* (Seth Grahame-Smith, 2009). El título de esta novela fue traducido como *Orgullo y prejuicio y zombis: la clásica novela romántica de la Regencia, aderezada con unos zombis ultraviolentos que siembran el terror*. Fue traducida por Camila Batlles Vinn y editada por Umbriel (Barcelona) en 2009. Books4pocket la reeditó en Barcelona en 2012, aunque la BNE indica que en la portada consta «Ediciones Urano». Umbriel la ha vuelto a editar en 2015. Grahame-Smith justifica esta versión explicando que la novela «pedía» una inyección de violencia:

> You have this fiercely independent heroine, you have this dashing heroic gentleman, you have a militia camped out for seemingly no reason whatsoever nearby, and people are always walking here and there and taking carriage rides here and there […]. It was just ripe for gore and senseless violence. From my perspective anyway (Goodwin, 2009: s.p.).

En el catálogo de la BNE también se encuentra la precuela a esta novela, llamada *Pride and Prejudice and Zombies: Dawn of the Dreadfuls* (de Steve Hockensmith, 2010) con el título de *Orgullo y prejuicio y zombies: el amanecer de los zombies*. El libro fue traducido por Camila Batlles Vinn y editado por Umbriel (Barcelona, 2011). Hay una reedición de la misma traducción en 2014, editada por Books4Pockets (Barcelona).

Algo similar a esta historia ocurre con *Sense and Sensibility and Sea Monsters*, de Ben H. Winters (2009), también traducida por Camila Batlles Vinn, publicada por Umbriel (Barcelona) en 2010 y reeditada por Books4pocket (Barcelona) en 2014. Winters, al igual que Grahame-Smith, justifica su obra en un artículo en el mismo año 2009 titulado «This scene could really use a man-eating jellyfish. How I wrote *Sense and Sensibility and Sea Monsters*» (Winters, 2009).

En 2011, P.D. James publicó la novela *Death Comes to Pemberley*, que comenzaba seis años después del matrimonio de Elizabeth Bennet y Mr. Darcy en *Pride and Prejudice*. La BNE recoge una traducción de esta obra (*La muerte llega a Pemberley*) en 2012 (Barcelona, Bruguera), que ha sido reeditada en 2013, 2016 y 2019 (Barcelona, B de Bolsillo) y en 2014 (Barcelona, B de Books). En todos los casos la traducción es atribuida a Juanjo Estrella. La novela fue adaptada audiovisualmente en formato de serie, como se indicará en el apartado 4.2.3.

Además de esta versión, menciono también la novela *The Other Bennet Sister* (2020), de Janice Hadlow y basada en Mary Bennet, una de las hermanas Bennet, de *Pride and Prejudice*. Ha sido traducida recientemente (2024) por Rosa Fragua y publicada por Libros de Seda. Además, como se indicará más adelante, la BBC (2024a) ya ha anunciado la producción de una miniserie basada en el libro. A fecha de finalización de la producción de este libro, el catálogo de la BNE la recoge como «registro provisional».

La BNE también recoge una versión directamente realizada en español (el nombre de la autora es María Maite García Díaz) con título *Señora Collins: una variación de Orgullo y Prejuicio*. La publicó en 2021 Azur Grupo Editorial en El Ejido.

Por último, otras obras crean historias a partir de elementos de la vida de Austen. Por ejemplo, en 2021 se publicó la novela *Miss Austen*, escrita por Gill Hornby y cuya protagonista es Cassandra, la hermana de la autora. La BNE recoge una traducción de Emilio Vadillo, publicada en 2023 en Madrid por la editorial Libros de Seda. La BBC (2024b) está preparando el estreno de una miniserie basada en esta obra para mediados de 2025.

Además, en 2024 se ha publicado y traducido la novela *Jane Austen investigates*, de Jessica Bull, cuyo traslado al español ha sido llevado a cabo por Ana Alcaina y Laura Martín de Dios para la editorial Lumen. *Jane Austen investiga* es catalogada en la web española de Penguin House como perteneciente al género de la novela negra y del *cozy crime*. El catálogo de la BNE recoge la traducción como «registro provisional» a fecha de finalización de la redacción de este libro.

Como ya se ha mencionado en diversas ocasiones, dado que este trabajo está enmarcado en los estudios de traducción y se basa en las traducciones editadas en España que suelen estar, salvo excepciones, registradas en el catálogo de la BNE, no se ha hecho referencia a otras interpretaciones de novelas de Austen que se han realizado en lengua inglesa. Para ello, se recomienda la consulta de Brown (2013), una recopilación de más de 50 películas y 600 libros inspirados por Jane Austen.

Capítulo 4
Las traducciones de adaptaciones audiovisuales de obras de Jane Austen en España

4.1. Traducción audiovisual: restricciones y estudios previos

4.1.1. *Restricciones de la traducción audiovisual. Doblaje y subtitulado*

Cualquier análisis de la traducción de un producto audiovisual debe partir de las restricciones de la modalidad de traducción audiovisual (TAV) que se esté estudiando. Esto es así porque de dichas restricciones pueden depender muchas de las decisiones de traducción que se tomen. En este apartado resumiré las características de las principales modalidades de TAV y las restricciones que plantean a quien traduce. Saber esto es fundamental para poder apreciar cómo se ha traducido un producto y no desechar, por ejemplo, una determinada solución de traducción que quizás ha sido elegida debido a una restricción previa.

Las principales modalidades de TAV son el doblaje y el subtitulado, muy comunes en España, aunque el primero ha sido tradicionalmente más frecuente. Las razones para ello son varias. En los años 20 del siglo xx, las películas extranjeras llegaban a nuestro país principalmente desde Estados Unidos. En ese momento, en España coexistían varias circunstancias que hicieron que el doblaje fuera la modalidad imperante de TAV de la época: elevado índice de analfabetismo de la población, por un lado, régimen franquista y su correspondiente censura (que el doblaje facilitaba enormemente), por otro (Chaume, 2012: 13). Si estudiamos las décadas en las que ha habido TAV en nuestro país, observamos que no ha sido hasta hace relativamente poco tiempo cuando el subtitulado se ha situado a un nivel similar al del doblaje, al menos en lo que respecta a la accesibilidad a esta modalidad por parte de la población general. Si bien antes se accedía a él únicamente a través de vídeos VHS destinados al aprendizaje de idiomas (a veces, únicamente con subtitulado en inglés) o comprados en el país de origen del producto (en ese caso, solo en inglés, y en la modalidad de subtitulado para personas sordas), la aparición del DVD facilitó el visionado de productos en lengua original y con varias opciones de subtitulado. El catálogo de la BNE, de hecho, recoge la posibilidad de estos DVD de tener «subtítulos opcionales» (lo que en la disciplina se llaman *closed subtitles* o subtítulos cerrados). Algo que era una novedad frente a los *open subtitles* o subtítulos abiertos del VHS (esto es, los que venían incrustados en la imagen y no se podían retirar) (Díaz Cintas y Remael, 2021: 26). Por supuesto, el mayor salto ha llegado en los últimos años, en primer lugar, con la TDT, que permite a las cadenas de televisión ofrecer diferentes idiomas de audio y diferentes subtítulos[1] y, definitivamente, con las plataformas en línea, en las que a veces, según la producción, podemos encontrar hasta más de 10 idiomas de audio y de subtitulado. De hecho, como afirma Chaume (2012: 7), «the distinction between dubbing and subtitling countries has become blurred. Former dubbing countries now have significant subtitling industries […]. In turn, audiences in former subtitling countries are becoming more used to dubbing […]».

Aun así, en la televisión española en abierto, el doblaje sigue siendo la modalidad por defecto que encontramos en las producciones extranjeras emitidas.

Otras modalidades de TAV son el subtitulado para personas sordas o con discapacidad auditiva, la audiodescripción para personas con discapacidad visual (en el caso de las televisiones, en seguimiento de la norma UNE 153020: 2005 [AENOR, 2005]), el *voice over* (empleado sobre todo en documentales o programas de telerrealidad), el rehablado (a través de reconocimiento del habla, usado sobre todo en noticias y programas en directo) o las modalidades más recientes *fansubbing* o *fandubbing*, entre otras (Chaume, 2012: 2-5; Díaz Cintas y Remael, 2021: 7-11).

En esta sección nos centraremos en explicar las características y restricciones del doblaje y del subtitulado, puesto que es lo que se ha estudiado mayoritariamente, si no únicamente, en el caso de las traducciones de adaptaciones audiovisuales de obras de Jane Austen.

En cuanto al doblaje, una de sus restricciones es la necesidad de sincronización temporal. El enunciado en la lengua de doblaje (en nuestro caso, el español de España) debe ajustarse al tiempo en el que el actor o la actriz originales emiten la versión en la lengua de partida (en nuestro caso, el inglés). Por otro lado, el doblaje lleva consigo la necesidad de sincronización labial. Esto complica aún más la traducción. La sincronización labial consiste en que debe haber coincidencia de ciertos elementos fonéticos, como consonantes bilabiales o vocales cerradas o abiertas, entre el diálogo origen y el diálogo meta. Una buena sincronización determina un buen doblaje, aunque también puede limitar o modificar las elecciones de traducción.

Existen otras sincronizaciones necesarias en el proceso de doblaje, como la kinésica (que debe respetar los movimientos corporales de los actores) y la isocronía (o sincronía entre enunciados y pausas) (Chaume, 2012: 68-75).

En lo que respecta al subtitulado, se deben cumplir dos restricciones relacionadas entre sí: la temporal y la espacial. Los subtítulos no pueden permanecer en pantalla más

---

[1]   En España, para personas sordas o con discapacidad auditiva, en seguimiento de la norma UNE 153010: 2012 (AENOR, 2012).

allá del tiempo en el que se oiga al actor o a la actriz originales enunciar su diálogo. Esta restricción lleva consigo que la traducción a un idioma que emplea más palabras que el inglés se tenga que adaptar reduciendo el texto o eliminando palabras[2]. Así, el número de caracteres que contenga un subtítulo dependerá directamente del tiempo que este permanezca en pantalla. Este número está determinado por la velocidad de lectura que se le presuponga al espectador y la velocidad es diferente según el medio en el que se vaya a emitir la producción (televisión, cine, DVD, plataforma de visionado en línea). En el caso de aquellos medios disponibles para un público general (sobre todo la televisión o el cine), la velocidad de lectura es menor, por lo que el número de caracteres en cada subtítulo también será más reducido. Igualmente dependerán de ello las dimensiones de la pantalla (de ahí que la velocidad de lectura sea diferente en cine, por ejemplo)[3]. En el caso de las plataformas en línea, la velocidad de lectura es mucho mayor, porque se entiende que su público está más acostumbrado a leer subtítulos y, por tanto, se permite que estos puedan contener un mayor número de caracteres e incluso se ha aumentado el espacio máximo de tiempo que el subtítulo puede permanecer en pantalla[4]. Esto, por supuesto, beneficia a la traducción, puesto que la reducción o condensación que se tendrá que hacer al traducir será menor que, por ejemplo, en televisión.

Por tanto, como se indicó al comienzo de este apartado, las restricciones que plantea cada modalidad de TAV, en especial en nuestro caso las del doblaje y el subtitulado, serán un factor que habrá de tenerse en cuenta cuando se analicen y estudien traducciones de productos audiovisuales. Debido a ellas, a veces es necesario tomar decisiones que pueden influir en el resultado de la traducción. En el caso de guiones con características lingüísticas, estilísticas o terminológicas especiales, es particularmente importante ser consciente de la necesidad de mantener ciertos elementos del original para poder determinar con mayor acierto qué estructuras se pueden reducir u omitir (si es necesario) y qué elementos deben mantenerse en la traducción.

---

[2] Aunque se prefiera reducir el texto, en caso de que sea necesario eliminar parte de él no se omiten elementos al azar. Existe una serie de elementos que pueden, si es preciso, omitirse en el texto doblado o subtitulado. Por ejemplo: repeticiones, interjecciones, nombres propios cuando el personaje ya ha sido presentado o adverbios (Díaz Cintas y Remael, 2007: 145-171; Díaz Cintas y Remael, 2021: 146-169).

[3] La «regla de los seis segundos», según la cual un subtítulo debe permanecer en pantalla un mínimo de un segundo y un máximo de seis, junto con la velocidad de lectura, ha determinado durante años el número de caracteres por segundo. Tradicionalmente, el teletexto de la televisión permitía un máximo de 35 caracteres por línea (con un máximo de dos líneas de subtítulo para un subtítulo de una duración total de 6 segundos). Esto hacía un total de 70 caracteres. Actualmente, el número de caracteres por línea oscila entre 37 y 39 para televisión, cine y DVD (Díaz Cintas y Remael, 2021: 98).

[4] Por ejemplo, las últimas actualizaciones de las guías de Netflix y Prime Video establecen una duración mínima de 5/6 de segundo (unos 800 milisegundos) y máxima de 7 segundos (Netflix, 2024a; Prime Video, 2024). Además, para los subtítulos en español, en ambas plataformas el número máximo de caracteres por línea es de hasta 42 (Netflix, 2024b; Prime Video, 2024).

4.1.2. *La traducción de adaptaciones audiovisuales de obras de Jane Austen*

Las adaptaciones audiovisuales de las obras de Jane Austen han sido estudiadas de forma mayoritaria desde el punto de vista de los estudios fílmicos o filológicos. De forma mucho más reducida, y específicamente dedicada al trasvase entre lenguas, desde los estudios de traducción.

Como se podrá observar en el siguiente apartado, estas adaptaciones son numerosas, tanto al cine como a la televisión, y tanto en formato de película como de miniserie. La adaptación de un medio a otro se considera traducción intersemiótica y su estudio es necesario no solo en sí mismo, sino como paso previo a analizar su traducción.

La llamada «Austenmanía» comenzó a mediados de los años 90 del siglo xx. En 1995, se estrenaron una miniserie de la BBC que adaptaba *Pride and Prejudice* (Langton, 1995), una película de *Persuasion* en la misma cadena (Michell, 1995) y, en cine, otra de *Sense and Sensibility* (Lee, 1995). En 1996, una película de *Emma* para cines (McGrath, 1996) y otra para la cadena de televisión ITV (Lawrence, 1996). El estreno de estas producciones, sobre todo las de cine, «impulsó el reconocimiento de la autora inglesa a nivel mundial y también en el mundo hispano» (Sarapura Sarapura, 2016: 296). Como consecuencia de esto, aparecieron en esa época nuevas traducciones literarias de las obras en cuestión o reediciones de traducciones anteriores (Alsina i Keith, 2005: 63).

Algunas de las adaptaciones de obras de Austen han creado una corriente de opinión en contra, proveniente en muchas ocasiones de admiradores incondicionales de la autora, que se autodenominan «*Janeites*». Este grupo convive desde hace décadas con los llamados «*anti-Janeites*» (McMaster, 1999, citado en Rodríguez Martín, 2003: 161). Explica Rodríguez Martín, citando a Southam:

> El resumen que Southam hace de la controversia nos muestra que esta llega a adquirir tintes absurdos y alejados del rigor y la objetividad necesarios en la actividad de la crítica literaria, ofreciendo declaraciones de extrema y violenta expresión de la postura «anti-Janeite», por ejemplo Mark Twain expresando su «repugnancia animal» por la obra de Austen, frente a declaraciones de fervientes admiradores que consideran esta admiración un culto del que ellos son los «adoradores», porque «she is a passion and a creed, if not quite a religion» (Southam, 1986: 239) (Rodríguez Martín, 2003: 162).

Estoy de acuerdo con Rodríguez Martín (2003: 162) cuando indica que «probablemente muchos de los llamados "anti-*Janeites*", entre los que se cita a Henry James, lo que realmente rechazaban no era la obra de Austen sino esa especie de idolatría, esa admiración desmedida a la que en ocasiones parece faltarle rigor crítico». Muñoz Valdivieso (2007: 289-290) identifica los factores que pueden haber llevado a la mencionada «Austenmanía»:

> la mayor influencia de las mujeres como espectadoras en ese momento, la nostalgia de fines del siglo xx por un pasado idealizado que las novelas de Jane Austen parecen encarnar, o incluso cuestiones de tipo técnico como los nuevos modos de distribución masiva que las nuevas tecnologías permiten a mediados de los noventa de estas películas y de sus

productos paralelos (bandas sonoras, libros de producción), o la creación de nuevos foros para el público interesado en Jane Austen tales como páginas web con grupos de discusión que permiten la comunicación entre admiradores de la autora.

De cualquier forma, no solo los admiradores de la autora, sino también la crítica cinematográfica, rechaza una adaptación cuando entiende que debe ser completamente fiel al argumento de la novela. Cualquier modificación de la historia en su paso a la pantalla, por tanto, es susceptible de provocar indignación o repulsa. El caso más reciente ha sido el de la última versión de Netflix de *Persuasion* (2022). Sin embargo, la repulsa no significa que ese producto no se consuma:

> Las críticas a esta película no han sido especialmente positivas (Collins, 2022; Bradshaw, 2022; Bugbee, 2022; Geisinger, 2022; Hernando, 2022), y hacen referencia, sobre todo, a la excesiva libertad de la adaptación. [...] A pesar de [ellas], *Persuasion* estuvo en el top 10 de películas más visionadas de Netflix durante tres semanas, tras su estreno en la plataforma el 15 de julio de 2022 (concretamente, en las mediciones del 17 de julio —n.º 2—, del 24 de julio —n.º 3— y del 31 de julio —n.º 4—) (Netflix, 2023) (Jiménez Carra, 2024: 409).

También recibió críticas la versión de *Mansfield Park* que dirigió Patricia Rozema en 1999, por «modernizar» en exceso su interpretación. Muñoz Valdivieso analiza esta adaptación y explica que la mayoría de las críticas negativas «cuestionaban los cambios introducidos y acusaban a la directora de deformar la novela de Austen para resaltar cuestiones cercanas al público» (2007: 291).

Por el contrario, la adaptación de *Pride and Prejudice*, que realizó la BBC en formato miniserie en el año 1995, fue una de las más exitosas por su «fidelidad» a la novela. Sin embargo, en este sentido, resulta interesante lo siguiente:

> [...] las adaptaciones de los textos clásicos de épocas anteriores no son solo una cuestión de rellenar los huecos visuales que parecen ser sugeridos por la interpretación que hace del original el que lleva a cabo la adaptación, sino que a menudo existe la tentación de presentar una escena desde la perspectiva de finales del siglo xx para, irónicamente, apoyar lo que el que lleva a cabo la adaptación cree que es auténtico al texto. Tales decisiones suelen tomarse considerando que están siendo fieles a lo que el autor habría expresado si hubiese podido discutir ciertos temas con libertad y si hubiese tenido acceso a la misma tecnología. Ejemplos recientes de este tipo de decisiones de añadir algo al original pueden encontrarse en la adaptación reciente (1995) que la BBC ha hecho de la novela de Austen *Pride and Prejudice*, en concreto en las adiciones en relación con el personaje de Mr. Darcy («the character of Darcy is overtly sexualized, a clear object of the female gaze, culminating in the famous scene where Darcy strips to the waist to swim the lake at Pemberley»), o en la adaptación para el cine que Ang Lee hace en el mismo año de otra novela de Austen, *Sense and Sensibility*, a la que se añade un contexto feminista (Whelehan, 1999:139) (Rodríguez Martín, 2003: 308-309).

Por tanto, dentro de las adaptaciones de las mismas novelas hay favoritas. Esto es algo subjetivo, puesto que puede basarse en la afinidad con un actor o una actriz, en la representación «correcta» de alguna escena o conversación que el espectador consideraba clave en la obra o en la inclusión de una visión afín a la nuestra. Muñoz Valdivieso (2007: 297) menciona que, en la adaptación de Lee de *Sense and Sensibility*, se produce la transformación de un Edward Ferrars, que resultaba aburrido en la novela, en un personaje con cierto encanto interpretado por el actor Hugh Grant, que el año antes había protagonizado la exitosa película *Cuatro bodas y un funeral*.

También puede influir en la fidelidad de una adaptación la duración de la producción: en una miniserie hay más posibilidad de mantener un mayor número de escenas, mientras que una película está limitada a, como máximo, unas dos horas. Es algo que también mencionan Alsina i Keith (2005: 61) o Sarapura Sarapura (2016: 298), que destacan como algo positivo la mayor duración de la miniserie de la BBC de *Pride and Prejudice* (1995), con respecto a las adaptaciones de la novela en formato película.

Por otro lado, la aceptación o el rechazo también dependen de qué consideremos adaptación fiel o libre. Esto último explicaría por qué la *Persuasion* de 2022 (que se podría considerar «fiel», pues se ajusta en cierta medida al argumento de la novela) es rechazada por los fans, mientras que *Lost in Austen* (2008) no recibió tantas críticas, incluso siendo una metaficción y adaptación libre cuyo argumento se basa nada más y nada menos que en modificar la historia de *Pride and Prejudice*. En relación con la aceptación de esta última versión, no se debe pasar por alto que la protagonista de *Lost in Austen* es «*Janeite*» y vive su propia historia de amor con uno de los personajes dentro de la serie.

Así, como indica Rodríguez Martín (2003: 282), las clasificaciones de adaptaciones se realizan en función del «grado de "acercamiento" que la película hace a la novela». En mi opinión, por ejemplo, *Persuasion* de 2022 sería una adaptación fiel, aunque se tome libertades en cuanto a recursos lingüísticos, estilísticos, cinematográficos o de reparto. Desde esa perspectiva, no la considero tan rechazable como quizás sí lo hacen otras personas que esperaban de ella algo similar a las adaptaciones anteriores. En este sentido, Rodríguez Martín (2003: 283) establece una clasificación según el tipo de adaptación:

> (1) Novela y película comparten personajes, sucesos, lugares, secuencia, y elementos enunciativos; (2) Novela y película comparten solo elementos de la historia; (3) La película elabora un episodio o más de la novela; (4) La película mantiene los participantes y acciones de la novela pero cambia los lugares y tiempos.

En este trabajo, las adaptaciones se clasificarán en tres categorías:

1. Adaptaciones fieles: siguen el argumento de la novela, aun cuando se puedan permitir licencias artísticas o cinematográficas.
2. Adaptaciones libres: parten del argumento o lo incluyen como parte de la historia, pero se pueden desarrollar en otras épocas, con diferentes personajes, con los mismos personajes, manteniendo nombre y apellidos de la obra de Austen, cambiando solo el nombre de pila o modificando ambos.
3. Otras obras audiovisuales: aquí se recogen producciones que mencionan de alguna forma a Austen o que versionan su vida.

Esta clasificación no es definitiva, puesto que, como he indicado anteriormente, existen diferentes puntos de vista al respecto. De hecho, Harris, por ejemplo, indica que la naturaleza misma de la adaptación o traducción intersemiótica o multimodal (ella habla únicamente de 'traducción', pero se refiere a este tipo) parece hacer poco factible la fidelidad total a Jane Austen:

> Should directors «faithfully» translate her novels, or should they imitate her, capturing the spirit of the text through a new and familiar medium? I shall argue that translation is actually impossible because even those directors who try primarily to «translate» her diverge from her every time they cut or rearrange a scene. Others more aggressively appropriate her, displace her and make of her something new. Then too the very nature of translation makes «fidelity» to Jane Austen unlikely, while such characteristics of cinema as spectatorship, commercialism, visuality, idealism, realism, velocity, and a perceived need for «relevance» open up even wider distances from her texts (Harris, 2003: 44).

La cuestión es si es necesaria realmente esa fidelidad total. Harris concluye que no garantiza un paso exitoso de las novelas a las películas: «Quite the opposite. The most satisfying Jane Austen movies are not just "translations" but "imitations" rejoicing in their difference» (Harris, 2003: 66). Esto es, como se ha observado anteriormente, el concepto de fidelidad depende de qué se entienda por esta. Por ejemplo, en lo que respecta a la versión de 2005 de *Pride and Prejudice*, González Mínguez destaca que «Joe Wright refashions [the novel], giving it a more timeless, practical and universal appeal by exploring in a realistic down-to-earth setting some of the more rigid aspects of the Regency period such as dating and social differences […]» (2016: 21). Y, sin embargo, a pesar de esa reformulación en cuanto a aspectos culturales o históricos, su éxito sigue vigente hoy día.

Para Schor (2003: 151), una de las mejores formas de adaptar a Jane Austen es a través de las voces de los personajes y menciona el uso del discurso indirecto libre. Por ejemplo, en la versión de *Emma* de 1996, con dirección y guion de Douglas McGrath, destaca el uso de la voz:

> The film adaptation of *Emma* uses voice in three interesting ways: when the narrator speaks directly to us, at the film's beginning and end; when characters speak over scenes, forming the narrative's transitions or providing ironic commentary; and when Emma Woodhouse, in several different ways and to different ends, talks to herself. However, the latter technique in some way recapitulates the pattern of the whole, running as it does through virtually the entire film and canvassing a variety of narratorial moods (Schor, 2003: 157).

Esto es algo fundamental, puesto que enlaza perfectamente con el estilo de Austen. Aquellas producciones que tienen en cuenta no solo el registro o el lenguaje de la época, sino que, además, reflejan estructuras o elecciones claves de la obra de la autora, mantendrán una mayor «fidelidad». Además, esto será un aspecto fundamental que habrá de tenerse en cuenta tanto en la traducción como en su análisis desde la disciplina. El estilo de Austen, de hecho, también ayuda a la creación de los guiones.

Rodríguez Martín (2003: 338) explica que «las [series] de obras clásicas se inspiraron en un principio en los dramas teatrales de la radio y la televisión por lo que se ponía un especial énfasis en la palabra hablada. Los textos de Austen eran una buena elección para la adaptación porque en general contenían buen diálogo».

Por su parte, Sarapura Sarapura (2016: 297), que estudia la versión de 2005 de *Pride and Prejudice*, destaca de esta el «estilo liviano de su narración y [...] la depuración sencilla de sus diálogos, sin que por ello disminuya la calidad» de estos. En su trabajo, analiza aspectos como la transposición de las escenas de la novela al cine, la presencia de los diálogos o la definición de los personajes.

En otras ocasiones, la adaptación cinematográfica usa sus propios medios para trasladar la historia o las descripciones de la novela. Por ejemplo, en el caso de *Sense and Sensibility* (Lee, 1995), con guion de Emma Thompson, las imágenes reemplazan en ocasiones a las palabras (Harris, 2003: 49).

También se llega a hacer uso de otras obras de la autora. Es el caso de *Mansfield Park* (Rozema, 1999). En esta película, indica Harris (2003: 291), «[Rozema] ranges [...] freely overall the Jane Austen novels [...]. As well as dipping intertextually into the juvenilia, letters, and recent biographies» (Harris, 2003: 57). Es algo que menciona también Muñoz Valdivieso (2007: 291).

Otro factor que se debe tener en cuenta en las adaptaciones es que, inevitablemente, reflejarán la época en la que se producen. De la misma forma que, como se mencionará en el apartado siguiente, las versiones más recientes incluyen diversidad en su reparto, con actores de diferentes razas o etnias (es el caso de *Sanditon* —2020-2023—, *Persuasion* —2022— o *Sense and Sensibility* —2024—), las versiones de épocas anteriores incluían también aspectos que resultaban hasta cierto punto novedosos entonces. Ya se ha mencionado en una cita anterior la perspectiva feminista que Thompson añadió a su guion de *Emma* de 1995. Además, la adaptación libre que se realiza en la película *Clueless* (Heckerling, 1995), basada en *Emma* y ambientada en el Beverly Hills de los años noventa, es, para Harris, «the most thoroughgoing revision of Jane Austen and therefore the most fully creative imitation» (2003: 62).

Belton (2003), por ejemplo, analiza las diferencias entre las adaptaciones de *Pride and Prejudice* de 1940 (en formato de película) y de 1995 (en formato de miniserie). Su estudio concluye que cada una refleja el momento histórico en el que se concibieron y produjeron. Así,

> although the MGM [1940] version is obviously a much freer adaptation, the BBC version's professed fidelity to the original is actually somewhat deceptive because, in its fleshing out of things merely suggested in Austen's text, it gives so much more visual emphasis to the attraction between Elizabeth and Darcy (Belton, 2003: 194).

Esto último añade algo muy relevante en cuanto a qué entendemos por adaptación fiel o libre: «the goal of the adaptation is not only to rediscover the prior text but also to find new ways of understanding it and to appropriate those meanings for the adaptors' own ends» (Belton, 2003: 195).

Otros estudios sobre la adaptación de las novelas de Austen a la pantalla son, por ejemplo, los siguientes: Rodríguez Martín (2003, que analiza el proceso de adaptación de *Pride and Prejudice* [1940], *Sense and Sensibility* [1995], *Clueless* [1995], *Emma* [1996] y *Mansfield Park* [1999]); Galán Rodríguez (2015, que estudia la adaptación *The Lizzie Bennet Diaries* [2003]); Orellana Gutiérrez de Terán (2017, un estudio sobre las adaptaciones); Rodríguez Martín (2019, que analiza la adaptación que se hizo de *Love and Friendship* con el título *Lady Susan* [2016]); García Muñoz (2023, que observa el papel de las heroínas en *Clueless* [1995] y *Emma* [2020]); o Jordán Enamorado (2024, que se centra en una adaptación cinematográfica de *Northanger Abbey*, en la de la serie web *Emma Approved*, en *Pride and Prejudice and Zombies* y en *Bride and Prejudice*).

En cuanto a la traducción de las adaptaciones audiovisuales de obras de Jane Austen, los estudios que se han realizado en España son bastante limitados, aunque ya en 2005 Alsina i Keith indicaba que la presencia del texto original en las adaptaciones cinematográficas y el análisis de la influencia de la traducción literaria en la audiovisual eran temas interesantes en los que se debería profundizar (Alsina i Keith, 2005: 63-64).

En 1981, Crespo Allué (1981a) estudió la adaptación a la televisión de *Persuasion* (1969) y su traducción al español, emitida en nuestro país en 1980. Se trata de una serie que la autora considera que defrauda al espectador y que causa indignación a quienes conocen a Austen y su obra (1981a: 323). Aunque Crespo Allué no contaba con la versión original de la serie, sí exponía que, partiendo del texto de la novela, podía determinar lo que denominaba «errores obvios de traducción». Así, indicaba las traducciones de *to be introduced to them*, que aparecía como «podía presentarse a nosotros», del adjetivo *sensible*, traducido como «sensible» o de la expresión *open-hearted*, que aparecía como «corazón abierto» (1981a: 321). También había lo que ella denomina imprecisiones, pero que son claramente intervenciones del traductor, como cuando la expresión *she had sought him* se convierte en «ella le cazó» (1981a: 322), así como «coloquialismos vulgares que no concuerdan en absoluto con el registro de la lengua del original» (1981a: 322).

En cuanto a otros análisis de las adaptaciones realizados desde los estudios de traducción, en 2018 me centré en la adaptación libre *Lost in Austen* (Zeff, 2008), que parte, como se ha indicado en párrafos anteriores, de la premisa de *Pride and Prejudice* (Jiménez Carra, 2018)[5]. En este trabajo uní las dos líneas de investigación que guían mi producción científica: la traducción literaria y la traducción audiovisual. En concreto, analicé los nuevos diálogos (tanto en los personajes originales de la novela como en los nuevos personajes de la miniserie), el uso que hacía la protagonista del lenguaje con

---

[5] También son relevantes los estudios sobre *Bridget Jones's Diary* y su traducción para doblaje (Jiménez Carra, 2004, 2009), que, sin embargo, no resumo aquí, porque, aunque la película es una adaptación libre como *Lost in Austen*, no se mantienen en ella vínculos tangibles con alguna novela de Austen (por ejemplo, con la aparición de personajes de esta, como en la miniserie de 2008), excepto en la referencia a Mr. Darcy, que se comentará en el apartado siguiente.

objeto de «encajar» en la época de la novela y la traducción del guion para doblaje y subtitulado al español de España. Destacaban, en un primer lugar, elementos muy coloquiales y culturales del siglo XXI, que habían sido adaptados al español; por ejemplo, las traducciones de *you're a real ball-breaker* por «me está tocando las narices» o de *it bloody well does* por «por mis muertos que se abrirá» (Jiménez Carra, 2018: 112; 113). En segundo lugar, en las intervenciones de los personajes de la novela, la versión original mantenía vocabulario y expresiones específicamente destinados a ambientarlas en la época. Por su parte, la traducción usaba elementos léxicos poco comunes actualmente, por haber caído en desuso, y lo hacía en ocasiones para compensar lo que no se había podido mantener en otro lugar del guion. Por ejemplo, si *morrow* se debía traducir por «mañana», puesto que no había otra opción en español, en otro lugar del guion el simple verbo *to marry* se convertía en «desposar» (2018: 114). En relación con esto, se analizaban también las intervenciones de la protagonista, en su intento por adaptarse al lenguaje de Austen (su uso de adverbios o el empleo de palabras en desuso en inglés). Estas estructuras se mantenían en la traducción, que también empleaba vocablos o expresiones poco usadas en la actualidad. Igualmente, en este trabajo se analizaban términos propios del estilo de Austen, como *spirit*, o adverbios terminados en *-ly* y su traducción en el guion (2018: 114-117). En general, la traducción al español era adecuada y demostraba que se habían tenido en cuenta las circunstancias lingüísticas propias de Austen (que ya constaban en el guion inglés) para su traslado a la lengua meta. Las restricciones propias del doblaje y del subtitulado no parecían haber supuesto excesivo problema para la traducción, puesto que se mantenía en la mayoría de las ocasiones la misma traducción para ambas modalidades. Cuando era necesario modificarla, por la restricción sobre todo del subtitulado, no afectaba al estilo de la autora o del guion.

En 2024, Jordán Enamorado ha estudiado la traducción para doblaje y subtitulado de una adaptación cinematográfica de *Northanger Abbey*. En el mismo año, he publicado un capítulo centrado en la traducción de la adaptación fiel *Persuasion* para Netflix (2022) y ya mencionado en el capítulo 2. En esta ocasión, me he centrado en las traducciones para doblaje y subtitulado tanto al español de España (que son distintas entre sí) como al que Netflix denomina «español latinoamericano» (que son iguales en su mayor parte). En concreto, el análisis comparativo se centra en el léxico, la literalidad del guion y el registro. Puesto que esta adaptación se toma muchas licencias, entre ellas lingüísticas, es interesante observar cómo estos elementos se han mantenido en las traducciones en cada modalidad, según las restricciones de estas. Esto es especialmente relevante, puesto que la adaptación hace una distinción muy evidente entre el lenguaje de los personajes y la voz en *off* de la protagonista, más informal que en el caso de los primeros (aunque ahí también se encuentran anacronismos) (Jiménez Carra, 2024: 421). Así, en ocasiones se elimina en el subtitulado español algún adjetivo, pero no se detecta una reducción clara en todo el subtitulado, entendemos que porque, al ser para Netflix, el espacio con el que se cuenta es mayor y, por tanto, las restricciones para la traducción, menores.

4.2. **Estado de la cuestión y clasificación**

En este apartado se han dividido las versiones audiovisuales según sean adaptaciones fieles (esto es, que sigan a la novela original, aun con licencias lingüísticas, artísticas o de reparto), adaptaciones libres (que partan de una novela o de su argumento para crear historias) o según se inspiren en ella para crear historias en las que dicha inspiración puede o no ser evidente a primera vista. También en este último punto se reseñarán algunas películas basadas en la vida de la autora. Si bien el objeto principal será mencionar las adaptaciones que han tenido traducción para doblaje o subtitulado en España, se hará referencia también a otras. Igualmente, se indicará qué adaptaciones están presentes en el catálogo de la BNE, aunque en este sentido hay que tener en cuenta que la BNE registra lo que está «editado» (por ejemplo, en VHS, DVD o Blu-ray), por lo que versiones más modernas emitidas o creadas por las plataformas de reproducción en línea no aparecerán en su catálogo[6]. Por último, la información sobre directores, guionistas y actores originales ha sido tomada de IMDb en todos los casos que se mencionan en este apartado 4.2, a no ser que se indique lo contrario.

4.2.1. *Las adaptaciones fieles*

Con objeto de organizar las versiones fieles, las ordenaré por novela que adaptan, según el orden cronológico del estreno de la primera adaptación. Además, expondré en primer lugar, dado el objeto de estudio de este trabajo, las que han sido dobladas y/o subtituladas al español[7] y, en segundo lugar, las que no lo han sido.

Pride and Prejudice

La primera película doblada al español que versionaba una novela de Austen fue *Pride and Prejudice* y se estrenó originalmente en 1940. La había dirigido el estadounidense Robert Z. Leonard y estaba protagonizada por Greer Garson (Elizabeth Bennet) y Laurence Olivier (Mr. Darcy), actores que posteriormente tuvieron una trayectoria artística muy extensa. Esta película se visionó en nuestro país con el título *Más fuerte que el orgullo*, lo que propició que algunas de las traducciones de la época, como ya hemos

---

[6]   Para más información sobre las adaptaciones de obras de Jane Austen a la pantalla, desde el punto de vista de narración o el paso de la obra a la pantalla, consúltense Rodríguez Martín (2003) o Jordán Enamorado (2024). Para adaptaciones de *Pride and Prejudice*, Martínez Uribe (2016) y para versiones de varias obras, Romero Sánchez (2008).

[7]   Es de destacar, en este sentido, que no siempre se conoce al nombre de quienes traducen para una o las dos modalidades. El sitio web El Doblaje proporciona, cuando se tiene acceso a esa información, el nombre de quien ha traducido para doblaje y, en un menor número de ocasiones, para subtitulado. La base de datos pública de traductores audiovisuales y obras de ATRAE (la Asociación de Traducción y Adaptación Audiovisual de España) recoge en ocasiones datos que no aparecen en El Doblaje, sobre todo en lo referente a quienes traducen para subtitulado.

constatado, también se llamaran así. Aun así, la modificación del título con respecto al más habitual, *Orgullo y prejuicio*, no duró mucho. Según el sitio web El Doblaje, la película se estrenó en el cine en España cuatro años más tarde de su aparición, en 1944. Solo consta el nombre del director de doblaje: José María Ovies, que también dobló a Laurence Olivier. Según el mismo sitio web, hay tres doblajes de esta película. Este es el primero. El segundo se llevó a cabo para Radiotelevisión Española (RTVE) en 1973. La única información disponible es que se dobló en el estudio Voz de España, de Barcelona. Greer Garson fue doblada por María Luisa Solá (que posteriormente se convertiría en la voz de Sigourney Weaver) y Laurence Olivier, por el conocido actor y presentador Constantino Romero. El tercer doblaje fue realizado en 1987 y es el usado por Antena 3 para su emisión en dicha cadena de televisión, así como por Warner Home Video-MMG/UA para la comercialización en VHS en 1997 y en DVD en 2007 (El Doblaje). En este caso, fueron Mercedes Sampietro y Carlos Revilla quienes dieron voz a los protagonistas. Actualmente la película puede encontrarse en España en Prime Video, doblada y subtitulada. No hay información sobre el subtitulado ni sobre quién realizó las traducciones a ambas modalidades. Tampoco he podido determinar, tras comparar muestras de doblajes de los cuatro actores principales con el audio de la película, si el audio español disponible en Prime Video es el de 1973 o 1987. La BNE recoge esta película publicada en tres años: 1986 [8], 1997 [9] y 2016 [10].

La siguiente adaptación de *Pride and Prejudice* que fue traducida y comercializada en España fue quizás la más relevante de todas: se trata de la versión que realizó la BBC en 1995, con seis episodios, adaptada por Andrew Davies, dirigida por Simon Langton y protagonizada por Jennifer Ehle y Colin Firth. La presencia de Firth como Mr. Darcy trajo consigo un fenómeno fan que dura hoy día y que dio pie a multitud de referencias a la serie en otras producciones, como la saga *Bridget Jones's Diary*, que se mencionará en el apartado 4.2.2. Según El Doblaje, José María Torruella se encargó del ajuste español, aunque no hay datos sobre quién realizó la traducción. Nuria Mediavilla dobló a Jennifer Ehle y Javier Roldán a Colin Firth. El catálogo de la BNE recoge la serie en formato DVD, con 13 discos (BBC, Barcelona, 2009 [11]) y en Blu-ray, con dos discos (Vértice Cine, Barcelona, 2012 [12]).

No es hasta 2005 cuando vuelve a estrenarse otra adaptación de *Pride and Prejudice*, esta vez en formato de película, dirigida por Joe Wright, adaptada por Deborah Moggach y protagonizada por Keira Knightley y Matthew MacFadyen. La traducción para doblaje la realiza Alicia Losada y el ajuste y la dirección son de José Luis Angulo. Los actores

---

[8]   Doblada al español.

[9]   Doblada al español.

[10]   Con versiones en español, inglés y alemán y con subtítulos «opcionales» en español, inglés, alemán y polaco, «codificado» para personas sordas en inglés y alemán.

[11]   Versión en español e inglés, con subtítulos en español.

[12]   Versión en español e inglés, con subtítulos «opcionales» en español.

Nuria Trifol y Alejandro García doblaron a los protagonistas. Se trataba de una película con una estética diferente, mucho más intimista que la anterior y las posteriores versiones.

El catálogo de la BNE recoge esta producción en diferentes ediciones en DVD: 2005 [13], 2006 [14], 2007 —en dos ocasiones— [15], 2010 [16], 2011 —en dos ocasiones— [17], 2012 —en tres ocasiones— [18], 2018 [19], 2019 [20] y 2021 [21].

Al margen de estas dos películas y serie de televisión, también existen otras adaptaciones audiovisuales de la novela que, hasta donde hay registrado, no han sido dobladas o subtituladas en España. Se trata de versiones realizadas para cadenas de televisión (Jiménez Carra, 2018: 108):

- BBC, 1938 (película para televisión);
- NBC, 1949 (episodio dentro del programa *The Philco Television Playhouse*);
- BBC, 1952 (serie de seis episodios);
- BBC, 1958 (en Estados Unidos se emitió como episodio dentro del programa *General Motors Presents* —CBC, ABC—);
- BBC, 1967 (serie de seis episodios);
- BBC, 1980 (serie de cinco episodios).

Adicionalmente, IMDb también recoge que en 1966 se estrenó en RTVE una serie española de *Pride and Prejudice*, compuesta por diez capítulos y dirigida por Alberto González Vergel. Los protagonistas fueron Elena María Tejeiro (Elizabeth Bennet) y Pedro Becco (Mr. Darcy). El guionista fue José Méndez Herrera, que había sido ganador del Premio Nacional «Fray Luis de León» de Traducción en 1962 por *Obras dramáticas de William Shakespeare* (Ministerio de Cultura).

Por último, es de destacar que Netflix ha anunciado otra adaptación audiovisual de *Pride and Prejudice* en formato de serie, cuyo estreno está previsto para 2025 (Schafer, 2024).

---

[13] Versiones en español e inglés, con subtítulos en español e inglés.

[14] Versiones en español e inglés, con subtítulos en español e inglés.

[15] Versiones en español e inglés, con subtítulos en español e inglés.

[16] Versiones en español, inglés, alemán, francés, italiano y japonés, con subtítulos en español, alemán, cantonés, chino mandarín tradicional, coreano, danés, finés, francés, griego, holandés, italiano, japonés, noruego, portugués y sueco.

[17] Versiones en español e inglés, con subtítulos en español e inglés.

[18] Versiones en español e inglés, con subtítulos en español e inglés.

[19] Versiones en español, inglés, alemán, francés, italiano y japonés, con subtítulos en español, inglés, alemán, cantonés, coreano, danés, finés, francés, griego, holandés, italiano, japonés, mandarín, noruego, portugués y sueco.

[20] Versiones en español e inglés, con subtítulos en español e inglés.

[21] Versiones en español, inglés, alemán, francés, italiano y japonés, con subtítulos en español, alemán, cantonés, chino mandarín tradicional, coreano, danés, finés, francés, griego, holandés, italiano, japonés, noruego, portugués y sueco.

Persuasion

Persuasion ha tenido cuatro adaptaciones visionadas en nuestro país. Crespo Allué (1981a) recoge el estreno de una miniserie para televisión (ella la llama «telefilme», pero constó de cinco capítulos) realizada en 1969[22], dirigida y producida por Howard Baker, y con adaptación de Julian Mitchell. Estaba producida por Granada Television. Según Crespo Allué (1981a: 297), esta película se estrenó en España en 1980. No hay información de la traducción de esta serie ni en El Doblaje ni en la base de datos de ATRAE.

La segunda adaptación, de 1995, fue emitida por la BBC y contó con Amanda Root y Ciarán Hinds como Anne Elliot y el capitán Wentworth. Estuvo dirigida por Robert Michell y el guion lo realizó Nick Dear. Esta es la única versión que recoge el catálogo de la BNE, donde consta que está doblada al español. Los datos que recoge el sitio web El Doblaje son que este se realizó en los estudios Voz de España, que la directora del doblaje fue Marta Angelat y que los actores que doblaron a los protagonistas fueron Nuria Mediavilla (que también hizo lo propio con Jennifer Ehle en la serie de *Pride and Prejudice* de 1995 de la BBC) y Salvador Vidal.

Tras esta película se estrenó, en 2007, la versión protagonizada por Sally Hawkins y Rupert Penry-Jones, que formó parte de la *Jane Austen's Season* que la cadena británica ITV creó en ese año y dentro de la que también se estrenaron las versiones de *Mansfield Park* y *Northanger Abbey* que se mencionan en párrafos siguientes. La dirigió Adrian Shergold y el guion fue de Simon Burke. En cuanto al doblaje de *Persuasion*, la traducción fue llevada a cabo por Beatriz García Alcalde y la dirección fue de Ana Isabel Hermando. Los actores de doblaje fueron Carmen Consentino e Iván Muelas (El Doblaje). No constan datos de la traducción del subtitulado.

La última versión de *Persuasion* ha sido la estrenada por la plataforma de visionado en línea Netflix en el año 2022 y protagonizada por Dakota Johnson y Cosmo Jarvis. La ha dirigido Carrie Cracknell y el guion ha sido de Rob Bass y Alice Victoria Winslow. Se trata de una versión mucho más moderna, con un enfoque novedoso, en el que hay diversidad de reparto y en el que la protagonista rompe la llamada «cuarta pared» (que separa la historia del espectador). Es de destacar, no obstante, que ya la versión anterior de *Persuasion*, de 2007, usa este recurso en la última escena, al igual que la adaptación de *Mansfield Park* de 1999. Tanto las características artísticas como la traducción para doblaje y subtitulado, al español de España y al denominado por Netflix «español latinoamericano», han sido estudiadas previamente (Jiménez Carra, 2024). Como especifico en ese trabajo, Netflix proporciona la información sobre traducción en los créditos finales de la película. La versión al español de España la realizó Naira Rodrigo y el director de doblaje fue Juan Logar. Aunque la plataforma no incluye los créditos de subtitulado,

---

[22] Brown (2013) indica que el estreno fue en 1971, pero esa es probablemente la fecha en la que llegó a Estados Unidos. De hecho, en varias ocasiones, Brown sitúa los estrenos uno o dos años después de la fecha oficial.

El Doblaje sí concreta que la traducción para esta modalidad es de Milagros Juan y el ajuste, de Juan Logar Jr. La base de datos de ATRAE, además, añade que el subtitulado ha sido revisado por Mónica Castellò.

Brown (2013: 143-144) recoge también una versión de *Persuasion* de la BBC (1960). Y, adicionalmente, encontramos una miniserie emitida en RTVE en 1972, dirigida por Federico Ruiz y con guion de Hermógenes Sainz, que tuvo como protagonistas a los actores españoles Mayte Blasco (Anne Elliot) y Juan Diego (capitán Wentworth) (IMDb, RTVE).

Sense and Sensibility

En 1995 se estrenó una adaptación en formato película de *Sense and Sensibility*, con Emma Thompson y Kate Winslet en los papeles protagonistas (Elinor y Marianne, respectivamente). La propia Emma Thompson escribió el guion y la dirección corrió a cargo de Ang Lee. Se trata de la adaptación de esta obra más relevante a nivel de recepción. Según los datos aportados en El Doblaje, se estrenó en nuestro país en 1996. La traducción la realizó Quico Rovira-Beleta y la dirección, Marta Angelat. La misma Angelat se encargó de doblar a Emma Thompson, y Nuria Mediavilla, ya mencionada en otros doblajes, a Kate Winslet. No hay datos sobre la traducción para subtitulado ni en El Doblaje ni en la base de datos de ATRAE.

El catálogo de la BNE solo recoge esta película de 1995, y lo hace con varias ediciones:

- 1996 y 2002 (dobladas en español);
- 1996 y 2004 (ediciones de Speak Up, una con versión original y subtítulos en inglés y otra con versiones en español e inglés y con subtítulos en español e inglés);
- 2013[23];
- 2015 (con doblaje en español, inglés e italiano y con subtítulos «opcionales» en inglés, español, portugués, griego e italiano);
- 2018 (dos versiones[24]);
- 2019[25] y 2020[26].

---

[23]   Con versiones en español, alemán, francés, ruso, japonés e inglés, con subtítulos «opcionales» en español, portugués, inglés, alemán, árabe, checo, chino, coreano, danés, finlandés, francés, griego, hebreo, hindi, holandés, húngaro, japonés, noruego, polaco, ruso, sueco y tailandés.

[24]   En una de estas ediciones se incluyen versiones en español, inglés e italiano, con subtítulos «opcionales» en inglés, español, portugués, griego e italiano. En la otra, se indica lo siguiente: versiones en español, alemán, francés, ruso, inglés, español latinoamericano y japonés, con subtítulos «opcionales» en español, portugués, inglés, inglés para sordos, alemán, árabe, checo, coreano, danés, español latinoamericano, finés, francés, griego, hebreo, hindi, holandés, húngaro, japonés, mandarín tradicional, noruego, polaco, ruso, sueco y tailandés; extras en inglés con subtítulos «opcionales» en español, portugués, inglés, alemán, francés, holandés y japonés.

En 2008, se estrena una miniserie para la BBC, protagonizada por Hattie Morahan (Elinor) y Charity Wakefield (Marianne). Estuvo adaptada por Andrew Davies, que ya había llevado a la pantalla la versión de la BBC de *Pride and Prejudice* en 1995 y la de *Emma* de 1996. Según El Doblaje, el ajuste y la dirección fueron de Juan Antonio Arroyo. No hay más datos sobre la traducción, aunque sí es de destacar que en España el título se tradujo como *Sensatez y sentimientos*. Ana Jiménez e Inma Gallego doblaron a Morahan y Wakefield, respectivamente. Brown (2013: 146) fecha esta serie en 1995; sin embargo, tanto la BBC como IMDb la fechan en 2008. Actualmente, la serie está disponible en España a través del sitio web de RTVE.

Otras adaptaciones sin traducción en España que están registradas en IMDb son la de 1971 (de la BBC, con Joanna David y Ciaran Maden) y de 1981 (también de la BBC, con Irene Richard y Tracey Childs). Además, Brown (2013: 146) también cita una emitida en la NBC de 1950, protagonizada por Madge Evans y Cloris Leachman que, sin embargo, no se recoge en IMDb.

La última adaptación, hasta ahora, de *Sense and Sensibility* se ha estrenado en febrero de 2024 en la cadena estadounidense Hallmark (IMDb). No está disponible en España. Ha estado protagonizada por Deborah Ayorinde y Bethany Antonia. Es una producción, como ya ocurría con la de 2022 de *Persuasion*, en la que hay diversidad de reparto. Su estética es muy colorida, como también lo había sido la de *Emma* en 2020[27].

Emma

La primera versión de *Emma* se estrenó en 1996. Se trataba de una producción de la cadena británica ITV protagonizada por Kate Beckinsale (Emma) y Mark Strong (Mr. Knightley). Estuvo dirigida por Diarmuid Lawrence y el guion fue de Andrew Davies (adaptador de otras versiones de obras de Austen, como la de la BBC de *Pride and Prejudice* ya mencionada). No hay datos en El Doblaje sobre quién realizó la traducción para esta modalidad, pero sí que Ana Pallejà y Alex Meseguer doblaron a los actores principales. La base de datos de ATRAE indica que la traducción para subtitulado estuvo a cargo de Lía Moya.

---

[25] Versiones en español, inglés, alemán, francés, ruso y japonés, con subtítulos en español, inglés, alemán, árabe, checo, coreano, danés, finés, francés, griego, hebreo, hindi, holandés, húngaro, japonés, mandarín tradicional, noruego, polaco, portugués, ruso, sueco y tailandés; subtitulado para sordos en inglés.

[26] Versiones en español, inglés, italiano y ruso, con subtítulos en español, inglés, alemán, árabe, checo, chino, coreano, danés, finés, francés, griego, hebreo, hindi, holandés, húngaro, japonés, noruego, polaco, portugués, ruso, sueco y tailandés; contenido adicional en inglés, con subtítulos en español, inglés, alemán, francés, holandés, japonés y portugués.

[27] Este tipo de estética, así como la diversidad del reparto, se puede observar también en otras adaptaciones audiovisuales de obras literarias realizadas en la actualidad. La más relevante, por su fama a nivel mundial, es la de la saga *Bridgerton*, basada en los libros de Julia Quinn, disponible en Netflix y que ha estrenado su tercera temporada en 2024.

El mismo año se estrena una película en cine protagonizada por Gwyneth Paltrow y Jeremy Northam, con dirección y guion de Douglas McGrath. La traducción, según El Doblaje, la llevó a cabo para el cine Sally Templer, el doblaje lo dirigió Manuel García Guevara y los actores principales fueron Alicia Laorden y Armando Carreras. La película está recogida en el catálogo de la BNE en cinco ocasiones (1996 —dos veces—[28], 1997 —versión en español—, 2012[29] y 2016[30]). El sitio web El Doblaje recoge también otra traducción para doblaje llevada a cabo para Netflix España en 2017 por Roberto González. José Luis Angulo fue el ajustador y director en este caso. Actualmente, el catálogo de Netflix no incluye dicha versión.

En 2009, se estrena una miniserie de cuatro episodios en la BBC protagonizada por Romola Garai y Jonny Lee Miller. Estuvo dirigida por Jim O'Hanlon y el guion fue de Sandy Welch. No hay datos sobre quién realizó la traducción. El Doblaje sí indica que la distribuyó Canal Plus para España en 2010 y que los protagonistas estuvieron doblados por Pilar Aguado y David Robles. En el catálogo de la BNE la serie aparece en dos registros, de 2009 y 2012 (con versiones en español e inglés y subtítulos en español).

En 2020, se estrenó otra película, protagonizada por Anya Taylor-Joy y Johnny Flynn y con una estética mucho más colorida que las anteriores. La dirección es de Autumn de Wilde y el guion, de Eleanor Catton. La traducción para doblaje la realizó Iria Domingo Recondo, este estuvo dirigido por Xavier de Llorens y los actores principales fueron Carla Mercader y Rafa Romero. La base de datos de ATRAE indica que la traducción para subtitulado corrió a cargo de Lía Moya. Esta adaptación la recoge la BNE en tres ocasiones (una con error en la fecha —consta 1985, año en el que no se había estrenado—[31], y dos de 2020[32]).

Antes de 1996, Brown (2013: 142) recoge otras adaptaciones de *Emma* que no encontramos traducidas en España: BBC (1948); NBC (1954); BBC (1960); y BBC (1972).

Por último, en 1967 se creó en España una adaptación de *Emma* en formato de serie, que actualmente está disponible en el archivo de RTVE, con Lola Cardona y Miguel Aguado como protagonistas, dirigida por Manuel Aguado y con guion de Hermógenes Sainz.

---

[28] En una consta únicamente «versión en español». En la otra edición de 1996 se especifica que las versiones están en español, inglés y catalán, con subtítulos en español.

[29] Versiones en español e inglés, con subtítulos en español.

[30] Se trata de una edición en DVD junto con la película francesa *Diamant 13*. En el caso de *Emma*, las versiones están en español e inglés, con subtítulos «opcionales» en español.

[31] Versiones en español e inglés, con subtítulos en español e inglés.

[32] En una de las versiones, consta que cuenta con versiones en español e inglés, con subtítulos en español, subtitulado para sordos en inglés y contenido adicional en inglés, con subtítulos en español e inglés; en la otra, versiones en español e inglés, con subtítulos en español y subtitulado para sordos en inglés.

Mansfield Park

De *Mansfield Park* contamos con dos adaptaciones traducidas al español en España. Se trata de dos películas. La primera, de 1999, de Miramax Films y BBC Films, fue dirigida y guionizada por Patricia Rozema y estuvo protagonizada por Frances O' Connor y Jonny Lee Miller como Fanny Price y Edmund Bertram. Como ya se ha mencionado, Jonny Lee Miller interpretó a Mr. Knightley en la versión de 2009 de *Emma*. El Doblaje indica que la traducción para esta modalidad (2000) fue de Sally Templer, que ya había traducido *Emma* en 1996, y el ajuste y la dirección, de Manuel García Guevara. Los actores que doblaron a los protagonistas fueron María del Mar Tamarit y Raúl Llorens. Esta versión de 1999 es la única que recoge el catálogo de la BNE, en sus ediciones de 2000 (doblada en español), 2006 (en español e inglés, con subtítulos en español), 2013 (tres ediciones, todas en español e inglés, con subtítulos en español) y 2015, en la que solo consta que la película está en español.

En 2007[33], la cadena ITV estrenó otra adaptación de *Mansfield Park* en forma de película y protagonizada por Billie Piper y Blake Ritson. Estuvo dirigida por Iain B. MacDonald y tuvo guion de Maggie Wadey. No hay información sobre la traducción en la base de datos de ATRAE ni en El Doblaje. En este último recurso, solo constan los actores principales, que fueron Mònica Padròs y Manuel Gimeno.

Además de estas dos películas, Brown (2013: 143) también menciona una en la ITV de 1983 protagonizada por Sylvestra Le Touzel y Nicholas Farrell.

Northanger Abbey

En el caso de *Northanger Abbey*, solo encontramos una adaptación estrenada en España, de la que no hay registro en el catálogo de la BNE. Se trata de la que realizó la cadena ITV en 2007, como parte de su *Jane Austen's Season*, ya mencionada. La protagonizaron Felicity Jones (Catherine Morland) y J.J. Feild (Henry Tilney). Estuvo dirigida por Jon Jones y tuvo guion de Andrew Davies. No hay datos en El Doblaje sobre traducción, solo que fueron los actores Estíbaliz Lizárraga y Manu Heras quienes doblaron a los protagonistas. Tampoco hay información adicional en la base de datos de ATRAE.

Brown (2013: 143) añade una versión de la BBC, de 1986. Además, en 1969 se emitió en RTVE una adaptación española de esta novela en formato de miniserie. Estuvo dirigida por Pedro Amalio López, con guion de Ricardo López Aranda. Los datos que recoge IMDb al respecto de los protagonistas son Lola Herrera como Catherine Morland y Pepe Martín como Henry Tilney.

---

[33] Como se ha indicado en una nota anteriormente, Brown parece recopilar las fechas y cadenas de estreno en Estados Unidos, por lo que, en el caso de esta producción, la sitúa en 2008 y la atribuye a la cadena PBS.

Love and Friendship

En 2016, se estrenó una película titulada *Love and Friendship* que, sin embargo, se trataba de una adaptación de la novela *Lady Susan*. Para la producción audiovisual se tomó el nombre de uno de los *juvenilia* o relatos de juventud de Austen. Estaba protagonizada por Kate Beckinsale en el papel de Lady Susan. Tuvo guion y dirección de Whit Stillman. La base de datos de ATRAE indica que la traducción para doblaje fue realizada por Alesander Valero Fernández y la de subtitulado, por Rocío Broseta. Según El Doblaje, el ajuste fue de Fernando San Luis, que también dirigió el doblaje. Mar Bordallo se encargó de doblar a Beckinsale. Esta película se encuentra en el catálogo de la BNE en dos ediciones de 2017, ambas en español e inglés y con subtítulos en español.

Sanditon

Desde 2019 hasta 2023 se han emitido tres temporadas de *Sanditon*, una serie británica de la cadena ITV, que usó el argumento de la novela incompleta de Austen como punto de partida. Posteriormente ha estado disponible también en la BBC. Ha sido creada y adaptada por Andrew Davies (*Pride and Prejudice*, 1995; *Emma*, 1996; *Northanger Abbey*, 2007; y *Sense and Sensibility*, 2008). La serie, con diversidad de reparto, ha estado protagonizada por Rose Williams (Charlotte Heywood). El Doblaje indica que la primera temporada ha sido traducida para esa modalidad por Alba Mas García y el ajuste y la dirección han sido de Ernesto Castaño. Nuria Trifol y Sergio Zamora han doblado a los protagonistas. Ella ya había doblado a Keira Knightley en la adaptación de 2005 de *Pride and Prejudice*. La segunda y tercera temporadas han sido traducidas para doblaje por Raquel da Silva. Actualmente, se puede ver en el catálogo de RTVE. No hay registro en la BNE de esta traducción. Tampoco encontramos la identidad de quién ha traducido para subtitulado, ni en El Doblaje ni en la base de datos de ATRAE.

4.2.2. *Las adaptaciones libres*

De la misma forma que se ha hecho en el apartado anterior, las adaptaciones libres se organizarán por orden cronológico de estreno y por novela. En primer lugar, se exponen aquellas que tienen traducción en España y, después, las que no. Recordemos que, en este apartado, se tendrán en cuenta tanto las adaptaciones que parten del argumento de una obra como las que lo incluyen como parte de la historia.

Emma

La primera adaptación libre que se mencionará se llevó a cabo en 1995 y se trata de la película *Clueless* que, en realidad, está basada en *Emma*. Estuvo producida por Paramount Pictures y protagonizada por Alicia Silverstone (Cher Horowitz —«Emma»—) y Paul Rudd (Josh Lucas —«Mr. Knightley»—). Fue dirigida por Amy Heckerling, que también realizó el guion. En español se llamó *Clueless (fuera de onda)*. Ni la base de datos de ATRAE ni El Doblaje recogen datos sobre la traducción, aunque en este último sitio web sí consta que María Antonia Rodríguez y Roberto Martín doblaron a los protagonistas[34]. En el catálogo de la BNE se encuentran registradas las siguientes ediciones: 1996 y 1997 (ambas en español); 2000 y 2010 (las dos con los mismos idiomas de doblaje y subtitulado[35]).

En 2005 se estrenó una serie en la ABC estadounidense, creada también por Amy Heckerling y protagonizada por Rachel Blanchard. La serie modificó algunos de los puntos de partida de la película, aunque muchos de los actores fueron los mismos, y se introdujeron nuevos personajes. Según El Doblaje, la traducción fue realizada por Óscar Palmer y el doblaje, ajustado y dirigido por Alejandro Martínez. La serie no está registrada en el catálogo de la BNE.

Por último, El Doblaje recoge una serie *anime* japonesa, con título en español *Emma. Un romance victoriano*, y doblada en España en 2008. Esta serie sí está presente en la BNE, en edición del mismo año y con versiones en español y japonés y subtítulos «opcionales» en español y portugués. En El Doblaje se indica que la traducción es de Daruma y la dirección de Azucena Díaz. Ana Pallejà consta como actriz de doblaje de Emma. Mr. Knightley no aparece en el listado de personajes ni tampoco, por tanto, qué actor lo dobló. En el registro de la BNE se cita a Raúl Llorens junto con Ana Pallejá y Marta Martorell, si bien no se le atribuye el actor original al que dobla.

Pride and Prejudice

Quizás la adaptación libre de *Pride and Prejudice* más conocida es la de *Bridget Jones's Diary* o *El Diario de Bridget Jones*, que es, a su vez, la adaptación de la novela del mismo nombre escrita por Helen Fielding. Esta película, estrenada en 2001 y producida por Miramax Films, estuvo protagonizada por Renée Zellweger (Bridget Jones), Colin Firth (Mark Darcy —obsérvese el apellido—) y Hugh Grant (Daniel Cleaver). Estuvo dirigida por Sharon Maguire y el guion lo realizaron la propia Fielding, junto con Richard Curtis (creador de *Love Actually*) y Andrew Davies (que, como sabemos, ya había adaptado varias novelas de Austen). Se produce la circunstancia de que Mark Darcy, el personaje de Colin Firth, estuvo inspirado por la interpretación que el propio actor hizo de Mr. Darcy en la producción de la BBC de 1995 (Jiménez Carra, 2004)[36]. Según El Doblaje, Josep Llurba se encargó de la traducción para esa modalidad, mientras que el ajuste y

---

[34] Para más información sobre esta adaptación cinematográfica, consúltese Rodríguez Martín (2003: 455-479).

[35] Versiones en español, inglés, alemán, checo, francés, húngaro e italiano, con subtítulos en español, inglés, alemán, árabe, croata, danés, finés, francés, griego, hebreo, holandés, italiano, noruego, polaco, portugués, sueco y turco; subtitulado para sordos en inglés.

[36] Además, Gemma Jones, la actriz que da vida a la madre de Bridget Jones, también interpretó a la señora Dashwood, la madre de Elinor y Marianne Dashwood, las protagonistas de *Sense and Sensibility*, en la versión de 1995 dirigida por Lee. Para más información sobre la traducción audiovisual de *Bridget Jones's*

la dirección fueron de Ernesto Aura. Los actores que doblaron a los protagonistas fueron Ana Pallejà, Eduard Farelo y Pep Antón Muñoz, respectivamente. No hay información sobre la traducción para subtitulado, ni en El Doblaje ni en la base de datos de ATRAE.

En 2004 se estrenó *Bride and Prejudice*, una adaptación de Bollywood. La película fue protagonizada por Aishwarya Rai (su papel se llamaba Lalita Bakshi) y Martin Henderson (William Darcy). Estuvo dirigida por Gurinder Chadha y el guion fue de Chadha y de Paul Mayeda Berges. Según El Doblaje, Rosa Pérez Pedrero se encargó de la traducción y Juan Antonio Gálvez, del ajuste y la dirección. Adelaida López y Alejandro García fueron los actores de doblaje. Este último doblaría a Matthew MacFadyen en la adaptación de 2005 de *Pride and Prejudice*. El título en español es *Bodas y prejuicios*. Tampoco en este caso hay datos en lo que respecta a la traducción para subtitulado.

Otra de las adaptaciones que consideramos libre es la miniserie de cuatro episodios *Lost in Austen*[37], que parte del argumento de *Pride and Prejudice* y que estuvo producida por la cadena ITV en 2008, dirigida por Dan Zeff, escrita por Guy Andrews y protagonizada por Jemima Rooper (Amanda Price), Elliot Cowan (Mr. Darcy) y Gemma Arterton (Elizabeth Bennet). Se trata de una metaficción en la que una joven de la época actual (Amanda Price), apasionada lectora de *Pride and Prejudice*[38], encuentra en su cuarto de baño a Elizabeth Bennet, que le asegura que ha entrado a través de una puerta situada en el ático de su casa, Longbourn, que da directamente al baño de Amanda. Tras mostrarle esa puerta, Elizabeth deja a Amanda en Longbourn y pasa al mundo actual. A partir de ese momento, el espectador sigue las desventuras de Amanda dentro de la historia de *Pride and Prejudice*. El guion de la serie hace, además, referencia a la relevancia social que han tenido las adaptaciones audiovisuales de la obra. Es, por ejemplo, algo plenamente patente en la mención que se hace a la serie de la BBC de 1995:

> En concreto, por ejemplo, la protagonista de *Lost in Austen* reflexiona, en voz en *off*, sobre la apariencia física de Mr. Darcy y la relaciona con Colin Firth, el actor que interpretó al personaje en [la producción de 1995]: «I mean, he's not Colin Firth. But even Colin Firth isn't Colin Firth. They had to change the shape of his head with make-up». También en otro momento, pide a Mr. Darcy que se bañe vestido en el estanque de Pemberley, para recrear la mítica escena de la serie de la BBC (Jiménez Carra, 2018: 106).

En ninguna de las fuentes consultadas hay datos concretos relativos a quién realizó la versión española (doblaje y/o subtitulado) de la serie, si bien sí puede encontrarse

---

Diary, consúltese Jiménez Carra (2004) para el estudio del doblaje de los referentes culturales, y Jiménez Carra (2009), para el doblaje del humor.

[37]   Existe un libro titulado *Lost in Austen: Create Your Own Jane Austen Adventure* (escrito por Emma Campbell Webster) y publicado en 2007, que, sin embargo, no parece tener relación con la serie.

[38]   La primera imagen de la serie es la portada de un libro de *Pride and Prejudice* y la primera frase, de hecho, la emite Amanda en voz en *off* y reza, en clara referencia al inicio de la novela: «It is a truth generally acknowledged that we are all longing to escape».

en plataformas de venta en línea, con el título *Persiguiendo a Jane Austen* (el cual, por cierto, nada tiene que ver con la historia) y con doblaje y subtitulado en español. La traducción para estas dos modalidades, junto con los nuevos diálogos en inglés, como ya se ha indicado, han sido previamente estudiados en Jiménez Carra (2018).

Martínez Uribe también hace referencia a la saga *Twilight*, puesto que su autora, Stephanie Meyer, reconoció su inspiración en *Pride and Prejudice*. Aun así, añade que «dicha afirmación de Meyer, *Janeite* confesa, parece responder más a un deseo por relacionar su creación con un icono de la literatura clásica que a una conexión real [con este]» (2016: 402).

Ya en 2010, se estrena la adaptación del libro *Pride and Prejudice and Zombies*, ya mencionado en el apartado 3.2.8. Los protagonistas son actores muy conocidos actualmente, como Lily James (*Downton Abbey*, *Cinderella*), Matt Smith (*The Crown*, *House of the Dragon*) o Lena Heedy (*Game of Thrones*). La película estuvo dirigida por Burr Steers y el guion lo escribió el propio Steers junto Seth Grahame-Smith, autor del libro. Además, la actriz Natalie Portman es una de las productoras. No hay datos para el subtitulado, pero en El Doblaje encontramos que la traducción para esta modalidad la realizó Iria Domingo Recondo y el ajuste y la dirección, Mar Bordallo. María Blanco dobló a Lily James y Javier Lorca a Sam Riley, el actor que interpretó a Mr. Darcy. Esta película se encuentra en el catálogo de la BNE, en formatos DVD y Blu-ray, ambos con fecha de 2016 y con versiones en español e inglés y subtítulos en español.

Además de estas películas, también hay otras no estrenadas en España, como *Pride and Prejudice: A Latter Day Comedy*, producida por Best Boy Pictures (2003). IMBd también recoge esta película sin el subtítulo. Los protagonistas fueron Kam Heskin y Orlando Seale. Estuvo dirigida por Andrew Black con guion de Anne K. Black y Kathe-rine Brim. Se trata de una versión mormona de la novela (Jiménez Carra, 2018: 109).

Otra adaptación libre que no ha sido traducida en España es la de *Pride and Pre-judice and Zombies: Dawn of the Dreadfuls*, una precuela de la historia estrenada en 2010 y basada en el libro de Steve Hockensmith, mencionado en el apartado 3.2.8. Esta película la protagonizaron Anabella Casanova y Cameron Cash Brown (Brown, 2013: 146) y estuvo dirigida por Charles Haine. No hay datos de guionistas en IMDb.

Ya en 2011, se realizó una versión contemporánea titulada *A Modern Pride and Prejudice* (Jiménez Carra, 2018: 109). La dirigió y escribió Bonnie Mae y la protagoni-zaron Maia Petee y Caleb Grusing[39].

---

[39] Con respecto a esta producción, Martínez Uribe (2016: 344) indica lo siguiente: «Esta versión que no se estrenó en salas comerciales se rodó sin muchos medios en Colorado (Estados Unidos) y está inter-pretada por actores aficionados locales. Resulta llamativo que *A Modern Pride and Prejudice* modernice el contexto temporal de *Pride and Prejudice* aunque no así su lenguaje».

Además de estas producciones, Brown (2013: 145) menciona un episodio de la serie juvenil *Wishbone*, llamado *Furst Impressions* (1996), en referencia a *First Impressions*, el primer título que tuvo *Pride and Prejudice*.

Persuasion

Encontramos una adaptación libre de *Persuasion* en otra versión audiovisual de una novela de Helen Fielding: *Bridget Jones: The Edge of Reason*, producida en 2004 y protagonizada, de nuevo, por Renée Zellweger, Colin Firth y Hugh Grant. Esta vez la dirigió Beeban Kidron y el guion volvió a estar a cargo de Fielding, Andrew Davies y Richard Curtis. La película, cuyo título en español fue *Bridget Jones: Sobreviviré*, estuvo traducida por Josep Llurba y el doblaje dirigido por Ernesto Aura. Ana Pallejà, Eduard Farelo y Pep Antón Muñoz volvieron a ser los actores de doblaje de los protagonistas (El Doblaje). No hay datos sobre la traducción para subtitulado.

Sense and Sensibility

La única adaptación libre de *Sense and Sensibility* traducida en España es la de la película *Scents and Sensibility*[40] (con título *Aroma y sensibilidad*), producida por Silver Peak Productions y estrenada originalmente en 2011, con doblaje en 2012 (El Doblaje). Las protagonistas fueron Ashley Williams (Elinor Dashwood) y Marla Sokoloff (Marianne Dashwood). Estuvo dirigida por Brian Brough y tuvo guion de Jennifer Jan y Brittany Wiscombe. No hay datos en El Doblaje sobre traducción, pero sí consta que Marina Vinyals y Nina Romero doblaron a los dos personajes principales.

Brown (2013: 147) también recoge otras dos adaptaciones. En primer lugar, *Kandukondain Kandukondain* (con título alternativo: *I have found it*), producida por Sri Surya Films en 2000 y con los protagonistas Tabu y Aishwarya Rai. Brown la define como «a contemporary Bollywood version of *Sense and Sensibility*». Estuvo dirigida por Rajiv Menon y el guion fue del mismo director y de Sujatha. Por otro lado, en 2011 se produjo la película *From Prada to Nada*, dirigida por Angel (sin tilde) Gracia, con guion de Gina Torres, Luis Alfaro y Craig Fernández, y protagonizada por Camilla Belle y Alexa Vega. Brown define esta película como «a Latina film version of *Sense and Sensibility* set in contemporary Los Angeles» (Brown, 2013: 147). Aunque en El Doblaje no consta que haya sido estrenada en España, IMDb sí recoge que lo fue en México (con el título *Pobres Divas*) y en Colombia (*De Prada a nada*).

---

[40] IMDb recoge una miniserie producida en 2024 titulada *Scents and Sensibility: Fated Mates*, pero no parece, por el resumen del argumento (que incluye un hechizo donde se utilizan perfumes), que sea adaptación de la novela de Austen.

Northanger Abbey

Por último, Brown (2013: 143) recoge otro episodio de la serie *Wishbone* llamado *Pup Fiction* (1997), que identifica como una adaptación de *Northanger Abbey*, como, recordemos, ya ocurría en otra ocasión con un episodio basado en *Pride and Prejudice*. Esta producción no se ha estrenado en España.

4.2.3. *Otras obras audiovisuales*

Este último apartado se centra en otras producciones audiovisuales que no suponen adaptaciones fieles o libres de novelas u otras historias, pero que sí mencionan alguna obra o personaje, a Austen o que versionan su vida.

En 2013, la BBC estrenó *Death Comes to Pemberley*, una miniserie de tres episodios que adaptaba la novela del mismo nombre de P.D. James, publicada en 2011. Se trata de una historia creada a partir de *Pride and Prejudice*, concretamente ambientada seis años después de la boda entre Elizabeth Bennet y Mr. Darcy. La adaptación tuvo guion de Juliette Towhidi y estuvo dirigida por Daniel Percival. Los protagonistas fueron Anna Maxwell Martin y Matthew Rhys. Maxwell Martin había interpretado a Cassandra Austen, la hermana de la autora, en la película *Becoming Jane*, que se mencionará más adelante. El título de la miniserie fue traducido como *La muerte llega a Pemberley*. No hay datos sobre quién realizó las traducciones para doblaje y subtitulado, aunque El Doblaje recoge a Esther Solans y Xavier Fernández como actores de doblaje de los protagonistas.

También en 2013 se estrenó *Austenland*, basada en la novela de Shannon Hale, dirigida por Jerusha Jess, con guion de las propias Jess y Hale, y producida, entre otros, por Stephanie Meyer, la autora de la saga *Twilight*. La película relata la historia de una «*Janeite*» (Jane Hayes, interpretada por Keri Russell) y en ella aparece un parque temático de la autora [41]. Se tradujo en España el mismo año con el título *En tierra de Jane Austen*. No hay datos sobre la traducción, solo que Joël Mulachs dobló a Russell. Como curiosidad, Henry Nobley, el interés romántico de Jane Hayes, estuvo interpretado por J.J. Feild, que había dado vida a Henry Tilney en la producción de *Northanger Abbey* que realizó la ITV en 2007. Esta película está recogida en el catálogo de la BNE, en su edición en DVD de 2013 [42].

---

[41] Martínez Uribe (2016: 337) menciona la referencia en esta película a la serie de la BBC de 1995 que versiona *Pride and Prejudice*: «la única referencia a [la obsesión de la protagonista por Mr. Darcy] se encuentra en una escena en la que Jane (Keri Russell) obliga a su novio a ver la miniserie de la BBC. Este, hastiado con la falta de atención por parte de la protagonista, la abandona no sin antes golpear la reproducción de cartón a tamaño natural de Colin Firth en su papel de Mr Darcy que preside el salón. Significativamente Jane reacciona ante esta ruptura acercándose rápidamente a besar la foto del personaje e intentando arreglar los desperfectos causados».

[42] Con versiones en español, inglés, audiodescripción en inglés y subtítulos en español, inglés, hindi y polaco.

Además, Brown (2013: 145) recoge un episodio de la serie *Red Dwarf* llamado *Beyond a Joke*, en el que hay una versión de realidad virtual de *Pride and Prejudice* (1997).

Martínez Uribe (2016: 244) menciona también unos videoblogs emitidos en Youtube (cien capítulos de entre dos y tres minutos de duración) titulados *The Lizzie Bennet Diaries*) y emitidos entre 2012 y 2013. También hace referencia a las inspiraciones de *Pride and Prejudice* que pudo haber en *You've Got Mail* (película de 1998 protagonizada por Meg Ryan y Tom Hanks), aunque indica que también se trata de «una recreación contemporánea de la película de 1940 *The Shop Around the Corner* protagonizada por James Stewart y Margaret Sullavan y dirigida por Ernst Lubitsch», que «es a su vez una adaptación de la obra de teatro *Parfumerie* del húngaro Miklós László de 1937» (Martínez Uribe, 2016: 404).

Además, como se ha indicado anteriormente, la BBC (2024a) ha anunciado para 2025 la producción de una serie basada en el libro *The Other Bennet Sister*, de Janice Hadlow y que tiene como protagonista a Mary Bennet, una de las hermanas Bennet, de *Pride and Prejudice*.

Además de las versiones que toman, de alguna u otra forma, información o personajes de las novelas de Austen, se han producido o están en fase de producción otras que mencionan o están basadas en la vida u obra de la autora:

- *Jane Austen in Manhattan* (1980), titulada en español *Jane Austen en Manhattan*. El argumento sigue a dos productores teatrales que luchan por hacerse con los derechos para representar una obra de teatro escrita por Austen cuando esta tenía 12 años. La película la dirigió James Ivory y el guion fue de Samuel Richardson y Ruth Prawer Jhabvala. La fecha de doblaje en España es 2008. La traducción corrió a cargo de Judith Cortés y el ajuste y la dirección, de Bruno Jordá. No hay datos sobre el subtitulado. El catálogo de la BNE recoge esta versión en dos ediciones de DVD: 2008 y 2009, con versiones en inglés y español y con subtítulos en español.

- *The Jane Austen Book Club* (2007): basada, a su vez, en el libro del mismo nombre escrito por Karen Joy Fowler en 2004; el libro tuvo como título *El club de lectura de Jane Austen* y la película, *Conociendo a Jane Austen*. Estuvo dirigida y guionizada por Robin Swicord. En la base de datos de ATRAE consta Eva Garcés como traductora de doblaje, pero no hay datos sobre el subtitulado. En El Doblaje se recoge que la dirección del doblaje estuvo a cargo de Gonzalo Durán. En el catálogo de la BNE también consta esta versión, en ediciones de 2008 (DVD), 2013 (Blu-ray) y 2015 (DVD), las tres con audio en español e inglés y subtítulos en español, inglés y portugués.

- *Becoming Jane* (2007): se trata de una película biográfica sobre Jane Austen, protagonizada por Anne Hathaway (Austen) y James McAvoy (Tom Lefroy). El papel de Cassandra Austen fue interpretado, como se ha mencionado antes, por Anna Maxwell Martin. Se tituló en español *La joven Jane Austen*. En el argumento se incluye información dramatizada a partir de las cartas de la autora (como, por ejemplo, la referencia a un posible interés romántico con Tom Lefroy[43]). El director fue Julian Jarrold y el guion de Sarah Williams y Kevin Hood. No hay datos sobre la traducción en El Doblaje ni en la base de datos de ATRAE. El primer recurso únicamente indica que Gal Soler se encargó del ajuste y la dirección, que Nuria Trifol dobló a Hathaway y Toni Mora a James McAvoy. La BNE recoge varias ediciones de esta película: 2007 (DVD); 2009 (DVD); 2012 (tres copias: dos en DVD y una en Blu-ray). Todas tienen versiones en inglés, español y catalán, con subtítulos en español y catalán. También aparece una entrada fechada erróneamente en 1985, que especifica que es de la película de 2007 y que es una edición especial para Speak Up. En este caso, contiene versiones en inglés y español, con subtítulos «opcionales» en inglés y español.

- *Miss Austen Regrets*, una película de la BBC estrenada en 2008: cuenta la historia de los últimos años de la autora, también basada de alguna forma en sus cartas, y está protagonizada por Olivia Williams (Austen). Estuvo dirigida por Jeremy Lovering y tuvo guion de Gwyneth Hughes. En El Doblaje constan dos traducciones para esa modalidad, destinadas a DVD y a televisión. Ambas llevan por título *Jane Austen recuerda*. El primer doblaje se fecha en 2009 y no hay datos sobre la traducción, solo que Alba Sola dobla a Williams. El segundo, de 2017, está ajustado y dirigido por Elena Ruiz de Velasco y Olga Cano es la actriz de doblaje para la protagonista. La base de datos de ATRAE no proporciona información sobre esta producción. En el catálogo de la BNE, la película aparece en dos ocasiones, ambas fechadas en 2009 y en DVD, con versiones en inglés y español y con subtítulos en español.
- Por último, en 2025 se espera el estreno de la adaptación a serie del libro *Miss Austen*, de Gill Hornby, cuya protagonista es Cassandra Austen y que está ambientado 20 años después de la muerte de la autora (BBC, 2024b). Cassandra estará, de nuevo, interpretada por Anna Maxwell-Martin, uniendo de alguna forma esta producción con *Becoming Jane* (2007).

También encontramos *The Real Jane Austen* (2002), un documental dramatizado con escenas de la vida de Jane Austen, que está basado en el libro del mismo nombre de Paula Byrne. Estuvo dirigido por Nicky Pattison. No hay constancia en El Doblaje ni en la base de datos de ATRAE de traducción al español.

Existen otras adaptaciones audiovisuales (por ejemplo, *The Many Lovers of Jane Austen*, de 2011) que no he considerado relevante incluir aquí al no basarse o partir de obras o de las cartas de la autora para introducir otras historias o recrear pasajes de

---

[43] Este interés terminó cuando Austen descubrió que Lefroy se había prometido con una joven, algo que la autora cuenta a su hermana en una carta fechada entre el 14 y el 16 de enero de 1796 (Chapman, 1982: 6).

su vida. En este sentido, ha de tenerse en cuenta que la popularidad de Austen lleva consigo que muchas producciones mencionen su nombre o el de alguna de sus obras como reclamo para el espectador u oyente. También encontramos episodios de podcasts que tienen como protagonistas la vida o la obra de la autora, audiolibros o incluso adaptaciones teatrales[44], pero que no forman parte del objeto de estudio de este trabajo.

---

[44] En España, por ejemplo, se ha estrenado recientemente una adaptación teatral en catalán de *The Watsons* (García Espelta, 2024).

Conclusiones

En 2025 se cumplen 250 años del nacimiento de Jane Austen. En 1818 se publicaron sus últimas novelas completas, *Northanger Abbey* y *Persuasion*, y la primera traducción al español en España (precisamente, de *Persuasion*) data de 1919. Aunque su obra tardara más de un siglo en llegar traducida a nuestro país, se han seguido publicando retraducciones, revisiones y reediciones hasta la actualidad. También siguen creándose adaptaciones audiovisuales, algunas de las cuales están en fase de producción a la fecha de finalización de este trabajo. Entre los motivos para el éxito de la obra de una autora que no fue tan reconocida en vida parecen estar la temática de sus historias, así como su estilo y su particular uso del lenguaje, tanto de forma concreta (con vocablos, expresiones y registros empleados para describir situaciones o a personajes) como general (con la ironía, por ejemplo).

En 2008 publiqué una monografía que se centraba en la traducción del lenguaje de Jane Austen, analizando especialmente el que estaba presente en *Pride and Prejudice*. El año antes había defendido mi tesis doctoral en la Universidad de Málaga en la que, además de realizar un análisis comparativo traductológico, ya exponía un estado de la cuestión sobre las traducciones, retraducciones y revisiones que existían de esta novela en España hasta ese momento. Crespo Allué había llevado a cabo un estudio de corte y extensión similar en su tesis doctoral de 1981, en su caso basándose en la traducción de *Persuasion*. He considerado, pues, que llegaba el momento de actualizar aquella información con la disponible actualmente, ampliándola en esta ocasión a toda la obra de la autora y centrándome no solo en la traducción de su producción literaria, sino también en las adaptaciones audiovisuales y en las versiones literarias y audiovisuales a las que se ha tenido acceso en España en el último siglo. Esto es así, porque mis propias líneas de investigación durante más de 20 años han sido, precisamente, la traducción literaria y audiovisual y, dentro de ellas, he estudiado previamente aspectos concretos de la traducción de la obra de Jane Austen tanto en novelas como en adaptaciones audiovisuales.

Para realizar el análisis y el estado de la cuestión que se presentan en este volumen he estimado necesario, en primer lugar, contextualizar brevemente la obra literaria dentro de la vida de Austen, esto es, cuándo escribió sus historias y cuándo se publicaron. Además, también era imprescindible exponer las características de su estilo literario, con un enfoque muy especial en su forma de usar el lenguaje. Esto se debe a que quien traduce debe tratar de mantener de la forma más fiel posible el estilo del texto original, por lo que es fundamental conocerlo previamente.

Por otro lado, con objeto de establecer las bases teóricas para las clasificaciones posteriores, se han definido una serie de conceptos, a saber, qué entendemos por 'traducción', por 'retraducción', por 'revisión' y por 'versión'. Esto ha permitido dividir los textos según fueran la primera traducción, retraducciones (esto es, traducciones posteriores), revisiones (textos cuya comparación con otros parece revelar un elevado grado de similitud) y versiones (historias que parten de obras de Austen o que se basan en ella o en su vida para crear otros argumentos). Los cuatro conceptos se aplican tanto a la traducción literaria como a la audiovisual, aunque las retraducciones y revisiones son menos frecuentes en esta última.

La información se ha presentado de forma separada: en primer lugar, la relativa a la traducción literaria y, en segundo lugar, la que corresponde a la traducción audiovisual (TAV).

Así, a la vista de la investigación realizada, podemos determinar, en primer lugar, que la traducción literaria de la obra de Jane Austen en España ha recibido mayor atención que la audiovisual por parte de los estudios de traducción. Si bien la filología la venía analizando desde tiempo atrás (de hecho, Lascelles escribió una monografía sobre el «arte» de Austen en 1939), en España nuestra disciplina se empezó a centrar en ella, como ya he indicado, con la tesis doctoral de Crespo Allué (1981b), aunque esta investigadora había realizado un par de trabajos previos más breves. En el caso de la TAV encontramos, por un lado, los estudios fílmicos o filológicos, enfocados sobre todo en el proceso de adaptación de la novela al producto audiovisual; por otro, los estudios de traducción, que analizan cómo se doblan o subtitulan dichos productos. Como acabo de indicar, el número de estas últimas investigaciones es mucho más reducido.

En este trabajo, y como parte del establecimiento de un estado de la cuestión, se han recogido investigaciones centradas en traducción literaria y en TAV, con objeto de exponer qué se ha estudiado en ellas (qué aspectos concretos, qué obras), qué conclusiones se han derivado de estos trabajos y qué cronología han tenido. Esto nos ayuda a observar no solo la relevancia de la obra de la autora y de sus adaptaciones, sino también a determinar qué aspectos se consideran más importantes cuando se trasladan a otra lengua. De hecho, aunque el español ha sido la principal lengua meta estudiada, también se recogen estudios con otras combinaciones lingüísticas.

En general, como se indica en el apartado 3.1., los estudios traductológicos literarios exponen resultados muy similares en sus comparaciones de traducciones: el estilo de la autora se debe tener en cuenta y, de hecho, parece que se tiene conforme más moderno es el texto meta. Se detecta, como es lógico, un lenguaje arcaico en las traducciones antiguas mientras que las más recientes usan una lengua más actual, si bien mantienen algunos elementos léxicos en desuso para dotar al texto de un estilo no excesivamente contemporáneo. En varias investigaciones se mencionan específicamente vocablos usados por Austen de forma intencionada y se analiza cómo han sido trasladados a la lengua meta. Además, los estudios revelan que las intervenciones en la traducción son mucho más frecuentes en las primeras traducciones.

Por otra parte, en los estudios enfocados en la TAV en España, mucho más escasos, se analizan léxico y registro presentes en los guiones originales y cómo han sido trasladados al español, teniendo en cuenta, además, las restricciones propias de las dos modalidades principales de TAV, esto es, el doblaje y el subtitulado.

La principal conclusión con respecto a estos estudios es que las traducciones suelen ser más adecuadas en la actualidad, mostrando que quien traduce estos textos (tanto literarios como audiovisuales) es consciente de que debe mantener y plasmar el estilo y el registro de los originales, sin desviarse del contenido, y teniendo en cuenta el medio para el que se traduce.

La numerosa publicación de retraducciones, revisiones y versiones de obras de Austen, así como las adaptaciones tanto en formato de película como de series, y las versiones audiovisuales, se reflejan en las clasificaciones que se presentan en los apartados 3.2 y 4.2. Dado que este trabajo se centra en el estado de la cuestión de la traducción de Austen en España, como ya se ha indicado, en lo que respecta a la obra literaria se ha consultado principalmente el catálogo de la Biblioteca Nacional de nuestro país, cuya sede también se ha visitado, así como investigaciones previas realizadas por otras autoras y por mí misma. También se consultó el Index Translationum de la UNESCO, aunque no aportó información adicional a la ya recogida por la BNE. En cuanto a la TAV, y dado que la BNE solo recoge información sobre adaptaciones editadas en formato físico (VHS, DVD, Blu-ray), se han consultado también los sitios web IMDb, El Doblaje y la base de datos pública de traductores audiovisuales y obras de ATRAE, además de trabajos anteriores como los de Crespo Allué (1981a), Jiménez Carra (2004), Brown (2013), Martínez Uribe (2016) o Jiménez Carra (2018). Es de destacar que la proliferación de nuevas retraducciones literarias y adaptaciones audiovisuales es tal, que ha sido necesario añadir nuevos datos a este libro hasta el momento mismo de finalizarlo. Muestra de ello es que algunas retraducciones o reediciones se han publicado en 2024 y que, en los últimos meses, se han anunciado nuevas series cuyo estreno está previsto en 2025. Se podría suponer que esta situación tiene como causa la efeméride mencionada al inicio de este apartado, pero, si se observan las clasificaciones que se presentan en este volumen, es evidente que no se trata de un fenómeno aislado.

A continuación se presentan, de forma resumida, los resultados del estado de la cuestión y de la clasificación de la traducción literaria de la obra de Jane Austen en España.

Según los datos recabados y las comprobaciones realizadas, que oportunamente se muestran a lo largo del apartado 3.2., concluimos que el número de retraducciones de las novelas completas de Austen es el siguiente: *Sense and Sensibility*, 11; *Pride and Prejudice*, 22; *Mansfield Park*, cinco; *Emma*: nueve; *Northanger Abbey*: seis y *Persuasion*: 11.

La comparación y el estudio realizados por otras autoras y por mí misma llevan a determinar que existen también lo que podrían considerarse como revisiones de traducciones, puesto que en ellas se observa un elevado grado de similitud con textos anteriores. En el caso de *Sense and Sensibility*, son cinco, de *Pride and Prejudice*, 23, de *Mansfield Park*, dos, de *Emma*, una, de *Northanger Abbey*, tres y de *Persuasion*, cuatro.

Adicionalmente, también encontramos textos cuya autoría no se ha podido determinar, así como otros que sí especifican que se trata de ediciones o revisiones actualizadas. Esto último es, a mi juicio, un aspecto positivo e importante, si bien a veces, o bien no se indica la traducción de la que parten, o bien no se identifica quién se encarga de la revisión.

En lo que respecta a las otras obras de Austen (las novelas cortas, incompletas y las que realizó en su juventud), *Lady Susan* es la más retraducida en España, un total de ocho veces, seguida de *The Watsons* (cuatro), *Sanditon* (tres) y *Love and Friendship* (una). Las *juvenilia* u obras de juventud han sido traducidas de forma individual y seleccionada. Es importante señalar que, de la suma total de traducciones y retraducciones de estas obras (23), 12 de ellas se han publicado desde 2015. Queda demostrado, por tanto, que el interés que suscita Austen ha supuesto que se haya procurado que sus otras obras estén también a disposición del público en España.

Con respecto a las versiones literarias, encontramos de naturaleza infantil o juvenil, novelas gráficas, historias abreviadas y otras que toman elementos de alguna de las novelas o de la vida de la autora. En este caso se han recogido principalmente, como se indica en el apartado 3.2.8. y debido a que este trabajo está enmarcado en los estudios de traducción, aquellas versiones que están traducidas al español y que se han editado en España.

La distancia temporal entre la publicación de las novelas de Austen y las primeras traducciones que llegaron a España varía en función de la obra. Resulta destacable que precisamente fueron las últimas en publicarse en inglés, esto es, las póstumas (*Persuasion* y *Northanger Abbey*, 1818), las primeras que llegaron a nuestro país. Concretamente, lo hicieron en 1919 y 1921 en traducciones de Manuel Ortega y Gasset e Isabel Oyarzábal. En 1924 se publicó la versión de *Pride and Prejudice* que realizó José Jordán de Urríes y Azara, esto es, 111 años después de su publicación en 1813. Hubo que esperar casi 20 años para las siguientes traducciones: la de *Sense and Sensibility* (1811), realizada en 1942 por María Teresa Moré, la de *Mansfield Park* (1814), firmada en 1943 por Guillermo Villalonga, y la de *Emma* (1815), cuya primera traducción fue realizada por Jaume Bofill i Ferro y publicada en España en 1945.

Las traducciones de las obras de juventud no empezaron a editarse en España hasta el año 1984 (con la versión de *Lady Susan* de Marcelo Cohen); pasaron 12 y 14 años hasta las siguientes traducciones: la de *Sanditon* de Torres Oliver en 1996 y la de Menchu Gutiérrez de *Love and Friendship* en 1998.

Los resultados de la clasificación de la obra literaria indican que *Pride and Prejudice* es no solo la novela que más ha sido retraducida, sino también la que parece contar con más revisiones. La siguen *Sense and Sensibility* y *Persuasion*. Los traductores que más obras de Austen han traducido y cuyos textos más se han reeditado son los siguientes:

- Miguel Ángel Pérez Pérez: *Northanger Abbey*, 2012 (con tres reediciones); *Mansfield Park*, 2013 (con tres reediciones); *Sanditon*, 2017; *Lady Susan*, 2017; *The Watsons*, 2017 y *Love and Friendship*, 2017 (las cuatro últimas con dos reediciones).
- José Luis López Muñoz: *Pride and Prejudice* (1996, con 9 reediciones); *Emma* (1995, con seis reediciones) y *Sense and Sensibility* (2013, con cuatro reediciones).
- Francisco Torres Oliver: *Mansfield Park*, 1995 (con seis reediciones); *Persuasion*, 1996 (con siete reediciones) y *Sanditon*, 1996 (primera traducción en España, con tres reediciones).

En lo que respecta a la TAV, los resultados de la clasificación muestran las numerosas adaptaciones que se han realizado de las novelas de Austen. Se han dividido, recordemos, en adaptaciones fieles y libres, y se ha añadido otro apartado con versiones audiovisuales que se inspiran en la obra o en la vida de Austen. La mayor parte de las adaptaciones se produjeron, sobre todo, en los años 90 y estuvieron propiciadas especialmente por el gran éxito que cosechó, en 1995, la serie de la BBC de *Pride and Prejudice*. Sin embargo, como se ha demostrado, siguen creándose hoy día y lo hacen adaptadas a la actualidad (por ejemplo, con estéticas coloridas o con diversidad en su reparto).

En el estado de la cuestión se ha proporcionado información relativa a la producción original (fecha de estreno, dirección y actores principales) y a la versión estrenada en España (título, fecha de estreno, si es diferente a la original, actores de doblaje principales, dirección de doblaje y, cuando existen los datos, nombres de quienes realizan las traducciones para doblaje y subtitulado). La mayor dificultad para localizar estos últimos datos se da en producciones antiguas, y, sobre todo, en cuanto a la versión para subtitulado. Incluso hoy día es difícil a veces saber quién la ha realizado. En el caso de las producciones de Netflix o subtituladas por esta plataforma sí parece haber más transparencia: o bien se añaden los datos en los créditos finales o bien, en el caso del subtitulado, quien lo realiza añade su nombre al final de la película o episodio, en un subtítulo más. El trabajo del sitio web El Doblaje y, más recientemente, la creación de la base de datos pública de traductores audiovisuales y obras de ATRAE suponen un paso muy importante para reconocer a los profesionales que realizan las traducciones para distintas modalidades de TAV en España. De hecho, la base de datos de ATRAE también recoge, cuando se conoce, información acerca de la accesibilidad (subtitulado para personas sordas o audiodescripción). En el apartado 4.2. se han proporcionado también los datos que aporta la BNE en cuanto a los idiomas de doblaje y subtitulado disponibles en las versiones en VHS, DVD o Blu-ray que están registradas en su catálogo.

Los resultados del análisis y estado de la cuestión de la traducción de adaptaciones audiovisuales son los que se presentan a continuación.

Según los datos recabados, en España se ha estrenado un total de 18 adaptaciones fieles de obras de nuestra autora, que se ordenan aquí según el estreno de la primera versión de cada una.

- *Pride and Prejudice*: tres adaptaciones (dos películas —1940 y 2005— y una serie de televisión —1995—), además de otra serie cuyo estreno está previsto en Netflix en 2025;
- *Persuasion*: cuatro adaptaciones (una serie —1969— y tres películas —1995, 2007 y 2022—);
- *Sense and Sensibility*: dos adaptaciones (una película —1995— y una serie —2008—);
- *Emma*: cuatro adaptaciones (tres películas —dos en 1996 y otra en 2020— y una serie —2009—);
- *Mansfield Park*: dos películas (1999 y 2007);
- *Northanger Abbey*: una película, en 2007;
- *Love and Friendship* (a pesar de este título, se trata, en realidad, de una adaptación de *Lady Susan*): una película, en 2016;
- *Sanditon*: una serie (2019-2023).

En cuanto a las adaptaciones libres, hemos recogido producciones que versionan o se basan de alguna forma en los argumentos de, por este orden, *Emma*, *Pride and Prejudice*, *Persuasion*, *Sense and Sensibility* y *Northanger Abbey*.

Por último, en lo que respecta a las otras obras audiovisuales que mencionan historias, personajes, a Austen o que versionan la vida de esta, se han recogido producciones desde el año 2013, incluyendo algunas que serán estrenadas (también en nuestro país) en 2025. La naturaleza de estas versiones es muy diversa: desde historias románticas, hasta de misterio, comedias o biografías.

Por último, hay otras adaptaciones fieles y libres, así como versiones no estrenadas en España y otras realizadas directamente en español y en nuestro país. Se mencionan a lo largo del apartado 4.2.

El éxito tardío de la obra de Jane Austen en el Reino Unido, que parece que estuvo propiciado, en parte, por el que tuvo Walter Scott (Ireland, 2020: 178), hizo que esta también tardara en llegar traducida a otros países. De cualquier forma, en el siglo XIX ya había traducciones al alemán o al francés, aunque en España esto no sucediera hasta casi la segunda década del siglo XX.

Siguiendo la nomenclatura de Pym (1998), la traducción literaria de la obra de Jane Austen en nuestro país está plagada de retraducciones «pasivas» y «activas», puesto que se han publicado en distintas épocas o en el mismo contexto cultural o generacional. Año tras año, observamos cómo se siguen publicando textos en los que no consta el nombre de quien los ha traducido. Que en pleno siglo XXI siga ocurriendo esto es algo alarmante, aunque sea frecuente. Incluso cuando hayan vencido los derechos de autor de los traductores, debería seguir identificándose quién hizo el traslado de un idioma a otro; no se trata de un demérito reeditar una traducción o retraducción, al contrario. La publicación de ediciones revisadas también puede ser un fenómeno muy interesante, pues en ellas se puede observar la necesidad de adaptar el lenguaje a su uso actual o cómo ha cambiado, por ejemplo, el léxico de nuestro idioma como para que deba modificarse o incluso se deban añadir notas para explicar su significado. Por este motivo, considero especialmente relevante el trabajo de los nuevos traductores y el de los revisores, así como la identificación de quién realiza una revisión y de qué traducción se parte. El reconocimiento del trabajo de un profesional no debería ser algo que se pueda omitir, sino una obligación.

Igualmente, en el caso de la TAV, queda también camino por recorrer, aunque ya hay plataformas como Netflix que aportan información sobre quiénes traducen sus producciones para doblaje o subtitulado. En el caso de producciones antiguas es muy difícil poder conocer quiénes las tradujeron, pero en el caso de las más recientes no debería serlo. Por ello es tan relevante el trabajo que realizan los responsables de sitios web como El Doblaje o la base de datos pública de traductores audiovisuales y obras de ATRAE.

En 2025, cuando se cumplen 250 años del nacimiento de Jane Austen, no solo se estrenarán nuevas adaptaciones audiovisuales, sino también, a buen seguro, se publicarán nuevas reediciones de sus obras o incluso nuevas retraducciones. Quizás también se editen textos en los que no se recoja el nombre de quien los ha traducido. Soy consciente, por tanto, de que cuando se publique este volumen puede que ya existan nuevos textos. Esto es inevitable en el caso de una autora con tanto éxito comercial. Aun así, es mi esperanza que el análisis y el estado de la cuestión presentados en esta monografía, que se ha realizado desde la perspectiva académica de los estudios de traducción, sirvan como punto de partida actualizado para que, quien tenga interés en ello, pueda consultar información relativa a cómo se ha traducido la obra literaria y audiovisual de Jane Austen en España y quiénes han llevado a cabo esta tarea.

Referencias bibliográficas

AENOR (Agencia Española de Normalización y Certificación), *Norma española UNE 153020: 2005. Audiodescripción para personas con discapacidad visual. Requisitos para la audiodescripción y elaboración de audioguías*, 2005. URL: https://www.une.org [30-06-2024].

— *Norma española UNE 153010: 2012. Subtitulado para personas sordas y personas con discapacidad auditiva*, 2012. URL: https://www.une.org [30-06-2024].

Alsina, Victòria, «Jordi Arbonès. Les traduccions de Jane Austen», *Quaderns. Revista de Traducció*, 12 (2005), pp. 47-58.

— «El tratamiento del discurso indirecto libre en las traducciones españolas y catalana de *Mansfield Park* de Jane Austen», en Jennifer Brumme y Hildegard Resinger (eds.), *La oralidad fingida: obras literarias. Descripción y traducción*, España, Editorial Iberoamericana/Vervuert, 2008a, pp. 15-32.

— «Les traduccions de Jane Austen al català», *1611. Revista de Historia de la Traducción*, 2 (2008b), s.p. URL: https://www.traduccionliteraria.org/1611/art/alsina.htm [14-05-2023].

— *Llengua i estilística en la narrativa de Jane Austen. Les traduccions al català*, Vic, Eumo, 2008c.

— «Translating Free Indirect Discourse: two Spanish versions of Jane Austen's *Persuasion*», *New Voices in Translation Studies*, 7 (2011), pp. 1-18. URL: http://www.iatis.org/images/stories/publications/new-voices/Issue7-2011/article-alsina-2011.pdf [23-05-2023].

Alsina i Keith, Victòria, «Adaptaciones cinematográficas de obras literarias: el caso de Jane Austen», en Patrick Zabalbeascoa Terrán, Laura Santamaría Guinot y Frederic Chaume Varela (eds.), *La traducción audiovisual. Investigación, enseñanza y profesión*, Granada, Comares, 2005, pp. 53-64.

— «Jane Austen en català», *Quaderns. Revista de Traducció*, 25 (2018), pp. 29-46. URL: https://raco.cat/index.php/QuadernsTraduccio/article/view/337819/428613 [19-02-2024].

ATRAE (Asociación de Traducción y Adaptación Audiovisual de España), *Base de datos pública de traductores audiovisuales y obras*. URL: https://basededatos.atrae.org [31-07-2024].

Austen, Jane, *Sense and Sensibility*, 1811. URL: https://www.gutenberg.org/files/161/161-h/161-h.htm (*Project Gutenberg*) [23-05-2006].

— *Pride and Prejudice: A Novel. In Three Volumes. By the Author of Sense And Sensibility*, Londres, T. Egerton, 1813. URL: http://lion.chadwyck.com (*Literature Online: the home of English and American Literature on the World Wide Web*) [31-03-2004].

— *Mansfield Park*, 1814. URL: https://www.gutenberg.org/ebooks/141 (*Project Gutenberg*) [23-05-2023].

AUSTEN, Jane, *Emma*, 1815. URL: https://www.gutenberg.org/ebooks/158 (*Project Gutenberg*) [23-05-2023].

— *Northanger Abbey*, 1818[1]. URL: https://www.gutenberg.org/ebooks/121 (*Project Gutenberg*) [04-10-2023].

— *Persuasion*, 1818. URL: https://www.gutenberg.org/ebooks/105 (*Project Gutenberg*) [04-10-2023].

— *Lady Susan*, 1871. URL: https://www.gutenberg.org/ebooks/946 (*Project Gutenberg*) [04-10-2023].

— *Letters 1796-1817* (Robert William Chapman, selecc. y ed.), Londres, Nueva York y Toronto, Oxford University Press, 1955.

AUSTEN-LEIGH, James Edward, «A Memoir of Jane Austen (1871)», en James Edward Austen-Leigh, *A Memoir of Jane Austen and Other Family Recollections* (K. Sutherland, ed., introd. y not.), Oxford, Oxford University Press, 2002, pp. 1-134.

BAKER, Amy, «Caught in the Act of Greatness: Jane Austen's Characterization of Elizabeth and Darcy by Sentence Structure in *Pride and Prejudice*», *The Explicator*, 72-3 (2014), pp. 169-178 (DOI: 10.1080/00144940.2014.932742).

BATTAGLIA, Beatrice, «The Reception of Jane Austen in Italy», en Anthony Mandal y Brian Southam (eds.), *The Reception of Jane Austen in Europe*, Londres, Bloomsbury, 2014 (2007), pp. 206-224.

BAUTZ, Annika, «The Reception of Jane Austen in Germany», en Anthony Mandal y Brian Southam (eds.), *The Reception of Jane Austen in Europe*, Londres, Bloomsbury, 2014 (2007), pp. 93-116.

BBC, «BBC announces new drama The Other Bennet Sister», 9 de octubre de 2024 (2024a). URL: https://www.bbc.co.uk/mediacentre/2024/bbc-announces-new-drama-the-other-bennet-sister [03-12-2024].

— «BBC releases new pictures for Miss Austen, starring Keeley Hawes», 14 de noviembre de 2024 (2024b). URL: https://www.bbc.co.uk/mediacentre/2024/bbc-releases-new-pictures-for-miss-austen [03-12-2024].

BELTON, Ellen, «Reimagining Jane Austen: the 1940 and 1995 film versions of *Pride and Prejudice*», en Gina Macdonald y Andrew F. Macdonald (eds.), *Jane Austen on Screen*, Cambridge, Cambridge University Press, 2003, pp. 175-196.

BERMAN, Antoine, «La Retraduction comme espace de la traduction», *Palimpsestes,* XIII-4 (1990), pp. 1-7.

BERMEJO, Reyes y BERNARDO, Elena, «Del papel a la pantalla (I). *Sense and sensibility*», *La linterna del traductor*, 6 (2011), pp. 47-51.

BIBLIOTECA NACIONAL DE ESPAÑA (BNE), *Catálogo general*. URL: https://catalogo.bne.es/ [última consulta: 16-01-2025].

BOUR, Isabelle, «The Reception of Jane Austen's Novels in France and Switzerland: The Early Years, 1813-1828», en Anthony Mandal y Brian Southam (eds.), *The Reception of Jane Austen in Europe*, Londres, Bloomsbury, 2014a (2007), pp. 12-33.

— «The Reception of Jane Austen in France: The Later Nineteenth Century, 1830-1900», en Anthony Mandal y Brian Southam (eds.), *The Reception of Jane Austen in Europe*, Londres, Bloomsbury, 2014b (2007), pp. 34-53.

---

[1] Aunque *Northanger Abbey* fue publicada en 1818, de forma póstuma, Project Gutenberg la fecha en 1803, siguiendo la nota de Austen que acompañaba al manuscrito y que la web publica junto con su versión: «This little work was finished in the year 1803, and intended for immediate publication. It was disposed of to a bookseller, it was even advertised, and why the business proceeded no farther, the author has never been able to learn. That any bookseller should think it worth-while to purchase what he did not think it worth-while to publish seems extraordinary. But with this, neither the author nor the public have any other concern than as some observation is necessary upon those parts of the work which thirteen years have made comparatively obsolete. The public are entreated to bear in mind that thirteen years have passed since it was finished, many more since it was begun, and that during that period, places, manners, books, and opinions have undergone considerable changes».

Bour, Isabelle, «The Reception of Jane Austen in France in the Modern Period, 1901-2004: Recognition at Last?», en Anthony Mandal y Brian Southam (eds.), *The Reception of Jane Austen in Europe*, Londres, Bloomsbury, 2014c (2007), pp. 54-73.

Bray, Joe, *The Language of Jane Austen*, s.l., Palgrave McMillan, 2022 (2018) (DOI: 10.1007/978-3-319-72162-0).

Brown, Susan J., *Jane Austen Junkie. Get your Fix! A Compilation of over 600 Books and 50 Movies Inspired by Jane Austen*, Reino Unido, CreateSpace Independent Publishing Platform, 2013.

Bulnes, Ana; Campos Pico, Raquel y Ramos Domínguez, María, «Introducción», *Emma* (Jane Austen), (Moisés Barcia, trad.), Cangas do Morrazo (Pontevedra), Sushi Books, 2023, pp. 5-13.

Bundgaard, Kristine y Nisbeth Brøgger, Matilde, «Who is the back translator? An integrative literature review of back translator descriptions in cross-cultural adaptation of research instruments», *Perspectives*, 27-6 (2019), pp. 833-845 (DOI: 10.1080/0907676X.2018.1544649).

Butler, Marilyn, *Jane Austen and the War of Ideas*, Oxford, Oxford University Press, 1987 (1975).

Bywood, Lindsay, «Testing the retranslation hypothesis for audiovisual translation: the films of Volker Schlöndorff subtitled into English», *Perspectives*, 27-6 (2019), pp. 815-832 (DOI: 10.1080/0907676X.2019.1593467).

Bystydzieńska, Grażyna, «The Reception of Jane Austen in Poland», en Anthony Mandal y Brian Southam (eds.), *The Reception of Jane Austen in Europe*, Londres, Bloomsbury, 2014 (2007), pp. 320-335.

Cambridge Dictionary, Cambridge, Cambridge University Press. URL: https://dictionary. cambridge.org [última consulta: 12-01-2024].

Cecil, David, *A Portrait of Jane Austen*, Harmondsworth y Nueva York, Penguin, 1978.

Chambers, Helen, «Nineteenth-century German translations of Jane Austen», en Norbert Bachleitner (ed.), *Beiträge zur Rezeption der britischen und irischen Literatur des 19. Jahrhunderts im Deutschsprachigen Raum*, Amsterdan y Atlanta, GA, Rodopi, 2000, pp. 231-254.

Chapman, Robert William, *Jane Austen. Facts and Problems*, Oxford, Clarendon Press, 1948.

Chapman, Robert William (ed.), *The Works of Jane Austen, vol. 6: Minor Works (Revised Edition)*, Oxford, Oxford University Press, 1954 (DOI: 10.1093/actrade/9780198728399. book.1).

— *Jane Austen's Letters to her Sister Cassandra and Others*, Oxford, Clarendon Press, 1982.

Chaume, Frederic, «La retraducción de textos audiovisuales: razones y repercusiones traductológicas», en Juan Jesús Zaro Vera y Francisco Ruiz Noguera (eds.), *Retraducir. Una nueva mirada. La retraducción de textos literarios y audiovisuales*, Málaga, Miguel Gómez Ediciones, 2007, pp. 49-63.

— *Audiovisual Translation: Dubbing*, Manchester, St. Jerome, 2012.

— «The Retranslation and Mediated Translation of Audiovisual Content in Multilingual Spain: Reasons and Market Trends», *Status Quaestionis. Rivista di studi letterari, linguistici e interdisciplinari*, 15 (2018), pp. 12-27.

Chaskin, Hannah, «Heterosexual Plots and Ill Narratives in Jane Austen's *Pride and Prejudice*», *Studies in Eighteenth-Century Culture*, 50-1 (2021), pp. 313-318.

Claesson Pipping, Git y Wikborg, Eleanor, «Jane Austen's Reception in Sweden: Irony as Criticism and Literary Value», en Anthony Mandal y Brian Southam (eds.), *The Reception of Jane Austen in Europe*, Londres, Bloomsbury, 2014 (2007), pp. 153-169.

Copeland, Edward y McMaster, Juliet (eds.), *The Cambridge Companion to Jane Austen*, Cambridge, Cambridge University Press, 1997.

Cossy, Valérie, «Why Austen cannot be a "Classique" in French: New Directions in the French Reception of Austen», *Persuasions On-Line*, 30-2 (2010), s.p. URL: https://jasna. org/persuasions/on-line/vol30no2/cossy. html [12-02-2017].

Cossy, Valérie y Saglia, Diego, «Translations», en Jane Todd (ed.), *Jane Austen in Context*, Cambridge, Cambridge University Press, 2005, pp. 169-182.

Crespo Allué, María José, «Por qué no leemos a Jane Austen. Análisis de las traducciones al español de *Persuasion*», *ES: Revista de filología inglesa*, 8 (1978), pp. 223-268.

— «Algunas ideas sobre la adaptación a la pequeña pantalla de *Persuasion* de Jane Austen», *ES: Revista de filología inglesa*, 11 (1981a), pp. 295-324.

— *La problemática de las versiones españolas de* Persuasión *de Jane Austen. Crítica de su traducción*, Tesis Doctoral, Valladolid, Secretariado de Publicaciones de la Universidad de Valladolid, 1981b.

Davis, Kathryn E., *Liberty in Jane Austen's* Persuasion, Bethlehem, Pensilvania, Lehigh University Press, 2016.

Dedeu Surribas, Alba, «Cavallers refinats i grangers cavallerosos: sobre la traducció d'una discussió moral a *Emma*, de Jane Austen», *Quaderns. Revista de Traducció*, 25 (2018), pp. 121-125. URL: https://raco.cat/index.php/QuadernsTraduccio/article/view/337842/428646 [19-02-2024].

Desmidt, Isabelle, «(Re)translation Revisited», *Meta*, 54-4 (2009), pp. 669-683 (DOI: 10.7202/038898ar).

Díaz Bild, Aída, «Still the Great Forgotten? The Reception of Jane Austen in Spain», en Anthony Mandal y Brian Southam (eds.), *The Reception of Jane Austen in Europe*, Londres, Bloomsbury, 2014 (2007), pp. 189-205.

Díaz Cintas, Jorge y Remael, Aline, *Audiovisual Translation: Subtitling*, Manchester, St. Jerome, 2007.

— *Subtitling. Concepts and Practices*, Oxon/Nueva York, Routledge, 2021.

Dow, Gillian, «*Northanger Abbey*, French Fiction and the Affecting History of the Duchess of C***», *Persuasions*, 32 (2010), pp. 28-45. URL: https://jasna.org/publications-2/persuasions/no32/dow/ [14-03-2022].

— «Translations», en Jane Todd (ed.), *The Cambridge Companion to 'Pride and Prejudice'*, Cambridge, Cambridge University Press, 2013, pp. 122-136. URL: https://www.proquest.com/books/translations/docview/2137993168/se-2 [22-01-2023].

Duquette, Natasha y Lenckos, Elisabeth (eds.), *Jane Austen and the Arts: Elegance, Propriety, and Harmony*, Bethlehem, Pensilvania, Lehigh University Press, 2014.

El Doblaje. URL: https://www.eldoblaje.com [17-02-2024].

Espunya, Anna, «An Integrated Approach to the Analysis of NRSA for Translation: *Mansfield Park* in Spanish and German», *Diacrítica. Revista do centro de estudos humanísticos*, 37-3 (2023), pp. 50-71 (DOI: 10.21814/diacritica.4919).

Fischer-Starcke, Bettina, *Corpus Linguistics in Literary Analysis. Jane Austen and her Contemporaries*, Nueva York, Continuum, 2010.

Fontcuberta, Judit, «Eulàlia Presas, traductora de *Pride and Prejudice*», *Quaderns. Revista de Traducció*, 25 (2018), pp. 47-69. URL: https://raco.cat/index.php/QuadernsTraduccio/article/view/337820/428614 [19-02-2024].

Galán Rodríguez, Noelia M.ª, «Looking for Austen in the 21st Century: from *Pride and Prejudice* to *The Lizzie Bennet Diaries*», *Huarte de San Juan. Filología y didáctica de la lengua*, 15 (2015), pp. 129-148. URL: http://revista-hsj-filologia.unavarra.es/article/view/3103 [25-03-2024].

Gambier, Yves, «La Retraduction, retour et détour», *Meta*, 39-3 (1994), pp. 413-417 (DOI: 10.7202/002799ar).

García Espelta, Rubén, «'Els Watson', la obra inacabada de Jane Austen, llega al Teatre Nacional», *Teatre Barcelona*, 2 de febrero de 2024. URL: https://es.teatrebarcelona.com/revista/els-watson-la-obra-inacabada-de-jane-austen-llega-al-teatre-nacional [03-02-2024].

García Jiménez, Rocío, «De los Grimm al español neutro de la factoría Disney: retraducciones, canon y atenuaciones de Blancanieves a ambos lados del Atlántico», en Salvador Peña y Juan Jesús Zaro Vera (eds.), *Traducir a los clásicos: entornos y transformaciones*, Granada, Comares, 2018, pp. 29-56.

— «Raymond Chandler en España y Argentina: El caso de *Sangre española*», en Juan

Jesús Zaro (ed.), *Estudios sobre el español como lengua de traducción en España y América*, Berlín, Peter Lang, 2022a, pp. 329-349.

GARCÍA JIMÉNEZ, Rocío, «Retraducciones audiovisuales para el público infantil: las nuevas versiones *live action* de los clásicos de Disney", en Pino Valero Cuadra, Gisela Marcelo Wirnitzer y Nuria Pérez Vicente (eds.), *Traducción e intermedialidad en literatura infantil y juvenil (LIJ): orígenes, evolución y nuevas tendencias / Translation and intermediality in children's and young adults' literature: origins, development and new trends, MonTI,* 14 (2022b), pp. 233-260 (DOI: 10.6035/MonTI.2022.14.08).

GARCÍA MUÑOZ, María, «*Clueless* (1995) and *Emma* (2020) in Dialogue: The Postfeminist and the Fourth-Wave Feminist Heroine in Austen Adaptations», *Esferas literarias*, 6 (2023), pp. 7-20 (DOI: elrl.vi6.16403).

GARCÍA SORIA, Cinthia, «Judgment and Feelings: *Sense and Sensibility*'s Journey to the Spanish-Speaking World», *Persuasions On-Line*, 43-1 (2022), s.p. URL: https://jasna.org/publications-2/persuasions-online/volume-43-no-1/garcia-soria/ [16-02-2024].

— «*Pride and Prejudice*'s Popularity in the Spanish-Speaking World (1924-1994): Getting Stronger than Pride», *Persuasions On-Line*, 44-1 (2023), s.p. URL: https://jasna.org/publications-2/persuasions-on-line/volume-44-no-1/garcia-soria/ [16-02-2024].

GIBSON, Suzie, «Love, Marriage and Dialectics in the Novels of Jane Austen», en Mimi Marinucci (ed.), *Jane Austen and Philosophy*, Lanham (Maryland), Rowman & Littlefield, 2016, pp. 27-37.

GILL, Richard y GREGORY, Susan, *Mastering the Novels of Jane Austen*, Nueva York, Palgrave MacMillan, 2003.

GILSON, David, *A Bibliography of Jane Austen (New Introduction and Corrections by the Author)*, Winchester y New Castle (Delaware), St. Paul's Bibliographies y Oak Knoll Press, 1997.

GIRET, Gwen y SAIM, Claire, *Jane Austen. Visual Encyclopedia: Novels and adaptations, characters and locations*, Reino Unido, Titan Books, 2024.

GONZÁLEZ-DÍAZ, Victorina, «"I quite detest the man": Degree Adverbs, Female Language and Jane Austen», *Language and Literature*, 23-4 (2014), pp. 310-330.

GONZÁLEZ MÍNGUEZ, María Teresa, «Discussing Jane Austen in the Twenty-First Century: Joe Wright's Film Adaptation of *Pride and Prejudice*», *Babel-AFIAL*, 25 (2016), pp. 19-33.

GOODWIN, Liz, «Monsters vs. Jane Austen», *The Daily Beast*, 31 de marzo de 2009. URL: https://www.thedailybeast.com/monsters-vs-jane-austen/ [14-09-2023].

HARDY, Barbara, *A Reading of Jane Austen*, Londres, The Athlone Press, 1979.

HARRIS, Jocelyn, «"Such a transformation!": translation, imitation, and intertextuality in Jane Austen on screen», en Gina Macdonald y Andrew F. Macdonald (eds.), *Jane Austen on Screen*, Cambridge, Cambridge University Press, 2003, pp. 44-68.

— *Satire, Celebrity, and Politics in Jane Austen*, Lewisburg, Pensilvania, Bucknell University Press, 2017.

HECKERLING, Amy (dir.), *Clueless* [película], Robert Lawrence Productions, Scott Rudin Productions, 1995.

HERRERA SÁNCHEZ, Sonia, «La economía de las relaciones de género en *Orgullo y prejuicio* de Jane Austen», *Investigaciones feministas*, 3 (2012), pp. 233-250 (DOI: 10.5209/rev_INFE.2012.v3.41148).

HERRERO LÓPEZ, Isis, «Franco and Austen: Three 1945 Translations of *Northanger Abbey* and their Gender Components», *Persuasions*, 37 (2015), pp. 244-254.

— «Translating Social and Material Culture: *Sanditon* in Spanish», *Translation and Literature*, 27-1 (2018), pp. 53-69 (DOI: 10.3366/tal.2018.0321).

HIROSHI, Ebine *et al.*, «Jane Austen in Japanese Literature: an Overview», *Persuasions On-Line*, 30-2 (2010), s.p. URL: https://jasna.org/persuasions/on-line/vol30no2/introduction.html [20-01-2023].

HOGAN, Eleanor J. y SIGRUN BRODEY, Inger, «Jane Austen in Japan: "Good Mother" or "New Woman"?», *Persuasions On-Line*, 28-2

(2008), s.p. URL: https://jasna.org/persuasions/on-line/vol28no2/brodey-hogan.htm [10-05-2023].

Hubmann, Sandra, «"Ich werde dich immer Mr. Knightley nennen", Charakterisierung von Beziehungen durch die pronominale Anrede in den deutschsprachigen Übersetzung des Romans *Emma* von Jane Austen», *Lebende Sprachen*, 65-2 (2020), pp. 257-277. (DOI: 10.1515/les-2020-0017).

Hurtado Albir, Amparo, *Traducción y traductología*, Madrid, Cátedra, 2001.

IMDb (Internet Movie Database). URL: https://www.imdb.com [última consulta: 17-02-2024].

Ingberg, Pablo, «La tarea del traductor de Shakespeare», Conferencia impartida en el Seminario de Investigación del Proyecto de Investigación I+D *La traducción de clásicos en su marco editorial: una visión transatlántica*, Málaga, Universidad de Málaga, 2016.

Ireland, Ken, «Jane & Theo: Affinities Stylistic and Temperamental in Jane Austen and Theodor Fontane», en Norbert Bachleitner (ed.), *Literary Translation, Reception, and Transfer*, Berlín/Boston, De Gruyter, 2020, pp. 177-187.

Irshad, Isra y Yasmin, Musarat, «Feminism and literary translation: A systematic review», *Heliyon*, 8-3 (2022). (DOI: 10.1016/j.heliyon.2022.e09082).

Jiménez Carra, Nieves, «Trasvases culturales en la traducción para el doblaje de *El Diario de Bridget Jones*», en Emilio Ortega Arjonilla (dir.), *Panorama actual de la investigación en Traducción e Interpretación* (2.ª edición revisada y aumentada), Granada, Atrio, 2004, pp. 389-398.

— *Análisis y estudio comparativo de tres traducciones españolas de* Pride and Prejudice, Tesis Doctoral, Málaga, Universidad de Málaga, 2007. URL: http://hdl.handle.net/10630/2716 [02-02-2014].

— «La traducción indirecta de *Los últimos días de Pompeya* de Edward Bulwer Lytton de Isaac Núñez de Arenas (1848)», en Juan Jesús Zaro (ed.), *Diez estudios sobre la traducción en la España del siglo XIX*, Granada, Atrio, 2008a, pp. 121-137.

Jiménez Carra, Nieves, *La traducción del lenguaje de Jane Austen*, Málaga, Universidad de Málaga, 2008b.

— «Translating Humour: The Dubbing of *Bridget Jones's Diary into Spanish*», en Jorge Díaz Cintas (ed.), *New Trends in Audiovisual Translation*, Bristol, Buffalo, Toronto, Multilingual Matters, 2009, pp. 133-141.

— «Traducir a Jane Austen: el reto de un estilo», *E-Aesla. Revista Digital*, 1 (2015), pp. 1-10. URL: https://cvc.cervantes.es/lengua/eaesla/pdf/01/72.pdf [20-05-2016].

— «De Argentina a España: la adaptación de la variación lingüística en el subtitulado intralingüístico de *El secreto de sus ojos*», *Journal of Specialised Translation*, 26 (2016), pp. 211-231. URL: https://jostrans.soap2.ch/issue26/art_jimenez.php [04-12-2016].

— «¿Neutralidad o identidad? Estudio de caso de una traducción argentina de *Pride and Prejudice*», en Juan Jesús Zaro y Salvador Peña (eds.), *De Homero a Pavese: hacia un canon iberoamericano de clásicos universales*, Granada, Comares, 2017, pp.184-206.

— «Viaje al pasado: *Lost in Austen* o cómo crear y traducir una metaficción de *Orgullo y prejuicio*», en Salvador Peña y Juan Jesús Zaro (eds.), *Traducir a los clásicos: Entornos y transformaciones*, Granada, Comares, 2018, pp.105-120.

— «La caracterización de personajes a través del discurso de Jane Austen y su traducción: Mrs. Bennet y Lydia Bennet», en Pablo Ruano San Segundo (ed.), *Autores de habla inglesa en traducción. Análisis crítico*, Granada, Comares, 2019, pp. 91-106.

— «Compartir traducciones: *Mansfield Park* en España y Latinoamérica», en Juan Jesús Zaro Vera (ed.), *Estudios sobre el español como lengua de traducción en España y América*, Berlín, Peter Lang, 2022, pp. 453-474 (DOI: 10.3726/b19985).

— «La influencia de la creación discursiva en la representación de personajes en traducción audiovisual (alemán-español)»,

Sendebar, 34 (2023), pp. 128-146 (DOI: 10.30827/sendebar.v34.27071).

JIMÉNEZ CARRA, Nieves, «Reimaginar *Persuasion*: una adaptación audiovisual actual (2022) y sus traducciones para España y Latinoamérica», en María José Hernández Guerrero, David Marín Hernández y Marcos Rodríguez Espinosa (eds.), *Las variedades del español en la traducción editorial y audiovisual. Políticas, tendencias y retos*, Granada, Comares, 2024, pp. 407-423.

JOHNSON, Claudia L., *Jane Austen: Women Politics and the Novel*, Chicago, University of Chicago Press, 1988.

JOHNSON, Eric, *How Jane Austen's Characters Talk*, 1994. URL: http://unix.dsu.edu/~johnsone/austench.html [02-03-2006].

JOHNSON, Samuel, *A Dictionary of the English Language: in which the words are deduced from their originals, and illustrated in their different significations by examples from the best writers, to which are prefixed, a history of the language and an English grammar (in two volumes)*, Londres, Times, 1983 (1755).

JORDÁN ENAMORADO, Miguel Ángel, *Análisis del estilo literario de Jane Austen*, Tesis Doctoral, Valencia, Universidad de Valencia, 2017. URL: http://hdl.handle.net/10550/59048 [10-01-2023].

— *Jane Austen a través del tiempo, los idiomas y las culturas*, Granada, Comares, 2024.

JULIO, Teresa, «Irene Polo, traductora de *Pride and Prejudice*. Una historia d'adversitats», *Quaderns. Revista de Traducció*, 25 (2018), pp. 87-97. URL: https://raco.cat/index.php/QuadernsTraduccio/article/view/337822/428616 [19-02-2024].

KIRKHAM, Margaret, *Jane Austen, Feminism and Fiction*, Nueva York, Methuen, 1986.

KITSI-NITAKOU, Katerina y VARA, Maria, «The Reception of Jane Austen in Greece», en Anthony Mandal y Brian Southam (eds.), *The Reception of Jane Austen in Europe*, Londres, Bloomsbury, 2014 (2007), pp. 225-239.

KOSKINEN, Kaisa, y PALOPOSKI, Outi, «Retranslation», en Yves Gambier y Luc van Doorslaer (eds.), *Handbook of translation studies*, vol. 1, Amsterdam, John Benjamins, 2010, pp. 294-298.

LAMBDIN, Laura Cooner y LAMBDIN, Robert Thomas (eds.), *A Companion to Jane Austen Studies*, Westport, Londres, Greenwood Press, 2000.

LANGTON, Simon (dir.), *Pride and Prejudice* [serie de televisión], BBC, 1995.

LASCELLES, Mary, *Jane Austen and Her Art*, Londres, Oxford Paperbacks, 1939.

LAWRENCE, Diarmuid (dir.), *Emma* [película], ITV, 1996.

LEE, Ang (dir.), *Sense and Sensibility* [película], Columbia Pictures, Mirage Enterprises, 1995.

MANDAL, Anthony, «Language», en Janet Todd (ed.), *Jane Austen in Context*, Cambridge, Cambridge University Press, 2005, pp. 23-32.

— «Austen's European Reception», en Claudia L. Johnson y Clara Tuite (eds.), *A Companion to Jane Austen*, Oxford, Blackwell Publishing, 2009, pp. 422-433.

MANDAL, Anthony y SOUTHAM, Brian (eds.), *The Reception of Jane Austen in Europe*, Londres, Bloomsbury, 2014 (2007).

MARCELO WIRNITZER, Gisela, «Traducciones, retraducciones y retrotraducciones de las crónicas italianas de Da Recco y Cadamosto (sobre el redescubrimiento de las Islas Canarias)», *Hermēneus. Revista de Traducción e Interpretación*, 24 (2022), pp. 379-415 (DOI: her.24.2022.379-415).

MARCO BORILLO, Josep, «Els patrons sintàctics en les novel·les de Jane Austen traduïdes per Jordi Arbonès», *Quaderns. Revista de Traducció*, 25 (2018), pp. 71-85. URL: https://raco.cat/index.php/QuadernsTraduccio/article/view/337821/428615 [19-02-2024].

MARINUCCI, Mimi (ed.), *Jane Austen and Philosophy*, Lanham, Maryland, Rowman & Littlefield, 2016.

MARTÍNEZ LÓPEZ, Elena del Carmen, «Exploring Brown and Levinson's Politeness Theory and the Form-Function Fit in Requests in Jane Austen's *Pride and Prejudice* from a relevance-theoretic, Constructionist and Contrastive Perspective», *Odisea*, 22 (2021), pp. 59-82 (DOI: odisea.v0i22.5513).

MARTÍNEZ URIBE, María Belén, *Recreaciones contemporáneas de* Pride and Prejudice *de Jane*

Austen, Tesis Doctoral, Málaga, Universidad de Málaga, 2016.

MATAJC, Vanesa, «A Hidden but Prestigious Voice: Jane Austen's Fiction» (Rawley Gray y Nada Grošelj, trads.), en Anthony Mandal y Brian Southam (eds.), *The Reception of Jane Austen in Europe*, Londres, Bloomsbury, 2014 (2007), pp. 258-274.

McGRATH, Douglas (dir.), *Emma* [película], Miramax Films, 1996.

MENDOZA GARCÍA, Inmaculada y FILSINGER SENFTLEBEN, Gustavo, «La retraducción de la literatura para la infancia y la adolescencia como medio de incentivación de la competencia creativa: un estudio de caso», en Pino Valero Cuadra, Gisela Marcelo Wirnitzer y Nuria Pérez Vicente (eds.), *Traducción e intermedialidad en literatura infantil y juvenil (LIJ): orígenes, evolución y nuevas tendencias / Translation and intermediality in children's and young adults' literature: origins, development and new trends*, MonTI, 14 (2022), pp. 352-385 (DOI: 10.6035/MonTI.2022.14.12).

MINISTERIO DE CULTURA, *Base de datos de premiados*. URL: https://www.cultura.gob.es/cultura/libro/premios-literarios.html [04-03-2024].

MICHELL, Robert (dir.), *Persuasion* [película], BBC, 1995.

MOLER, Kenneth L., *Pride and Prejudice. A Study in Artistic Economy*, Nueva York, Twayne Publishers, 1989.

MORRIS, Ivor, *Jane Austen and the Interplay of Character*, Londres, The Athlone Press, 1999.

MORTENSEN, Peter, «"Unconditional Surrender"? Jane Austen's Reception in Denmark», en Anthony Mandal y Brian Southam (eds.), *The Reception of Jane Austen in Europe*, Londres, Bloomsbury, 2014 (2007), pp. 117-131.

MUÑOZ VALDIVIESO, Sofía, «La retraducción de textos literarios en la pantalla: *Mansfield Park* de Jane Austen», en Juan Jesús Zaro Vera y Francisco Ruiz Noguera (eds.), *Retraducir. Una nueva mirada. La retraducción de textos literarios y audiovisuales*, Málaga, Miguel Gómez Ediciones, 2007, pp. 289-301.

NETFLIX, *Timed Text Style Guide: General Requirements*, 2024a. URL: https://partnerhelp.netflixstudios.com/hc/en-us/articles/215758617-Timed-Text-Style-Guide-General-Requirements [20-02-2024].

NETFLIX, *Timed Text Style Guide. Spanish (Latin America and Spain)*, 2024b. URL: https://partnerhelp.netflixstudios.com/hc/en-us/articles/217349997-Spanish-Latin-America-Spain-Timed-Text-Style-Guide [20-02-2024].

NEILL, Edward, *The Politics of Jane Austen*, Basingstoke, Palgrave, 1999.

ORELLANA GUTIÉRREZ DE TERÁN, Juan, «Adaptaciones audiovisuales de Jane Austen. Una aproximación comparativa», en María Isabel Abradelo de Usera y Pablo Gutiérrez Carreras (coords.), *By a Lady: estudios sobre Jane Austen*, Madrid, Universidad San Pablo-CEU, 2017, pp. 177-198.

Oxford English Dictionary, Oxford, Oxford University Press. URL: https://www.oed.com [última consulta: 12-01-2024].

Oxford Learners Dictionary, Oxford, Oxford University Press. URL: https://www.oxfordlearnersdictionaries.com [última consulta: 12-01-2024]

OWEN, David, «The European Reception of Jane Austen's Works», *Quaderns. Revista de Traducció*, 25 (2018), pp. 15-27. URL: https://raco.cat/index.php/QuadernsTraduccio/article/view/337818/428612 [19-02-2024].

PAGE, Norman, *The Language of Jane Austen*, Oxford, Basil Blackwell, 1972.

— *Speech in the English Novel*, Londres, Longman, 1973.

PALOPOSKI, Outi y KOSKINEN, Kaisa, «A thousand and one translations: Revisiting retranslation», en Gyde Hansen, Kirsten Malmkjær, y Daniel Gile (eds.), *Claims, changes and challenges in translation studies: selected contributions from the EST Congress, Copenhagen 2001*, Amsterdam, John Benjamins, 2004, pp. 27-37.

PÀMIES, Xavier, «*Seny i sentiment*, de Jane Austen. La traducció d'una novel·la de dos segles enrere», *Quaderns. Revista de Traducció*, 25 (2018), pp. 105-113. URL: https://raco.cat/index.php/QuadernsTraduccio/article/view/337824/428618 [19-02-2024].

PHILLIPS, K.C., *Jane Austen's English*, Londres, Andre Deutsch, 1970.

PRIME VIDEO, *Castilian Spanish (Spain) Localization Style and Technical Guide. For Amazon Prime Video Licensors & Vendors Only*, 2024. URL: https://videocentral.amazon.com/home/help?topicId=GBKB422Q9GYC7DWE&ref_=avd_sup_GBKB422Q9GY-C7DWE [20-02-2024].

PYM, Anthony, *Method in Translation History*, Manchester, St. Jerome, 1998.

QUINN, Megan, «The Sensation of Language in Jane Austen's *Persuasion*», *Eighteenth-Century Fiction*, 30-2 (2018), pp. 243-263 (DOI: 10.3138/ecf.30.2.243).

RADIOTELEVISIÓN ESPAÑOLA (RTVE), *RTVE Play*. URL: https://www.rtve.es/play/ [última consulta 03-05-2024].

REAL ACADEMIA ESPAÑOLA, *Diccionario de la lengua*. URL: https://www.rae.es [última consulta: 12-01-2024].

RIBA, Caterina y SANMARTÍ, Carme, «Autoras inglesas publicadas durante el Franquismo: Jane Austen, Mary Shelley, Charlotte Brontë, George Eliot y Anne Brontë», *Diacrítica. Revista do Centro de Estudos Humanísticos*, 37-3 (2023), pp. 72-87 (DOI: 10.21814/diacritica.4844).

ROBINSON, Douglas, «Intertemporal Translation», en Mona Baker y Kirsten Malmkjær (eds.), *Routledge Encyclopedia of Translation Studies*, Londres, Routledge, 1998, pp. 114-116.

RODRÍGUEZ MARTÍN, María Elena, *Novela y cine, adaptación y comprensión narrativa de las obras de Jane Austen*, Tesis Doctoral, Granada, Universidad de Granada, 2003.

— «*Love & Friendship*. The Film Adaptation of Jane Austen's Epistolary Novella *Lady Susan*», en Miguel Ángel Martínez Cabeza, Rafael J. Pascual Hernández, Belén Soria Clivillés y Rocío Gutiérrez Sumillera (eds.), *The Study of Style Essays in English Language and Literature in Honour of José Luis Martínez-Dueñas*, Granada, Editorial Universidad de Granada, 2019, pp. 75-91.

ROMERO SÁNCHEZ, Mari Carmen, «A la Señorita Austen: An Overview of Spanish Adaptations», *Persuasions On-Line*, 28-2 (2008), s.p. URL: https://jasna.org/persuasions/online/vol28no2/sanchez.htm [22-04-2023].

ROZEMA, Patricia (dir.), *Mansfield Park* [película], HAL Films, 1999.

SARAPURA SARAPURA, Mercedes, «Jane Austen y C. S. Lewis: de la literatura al cine. Análisis de transposición», *Correspondencias & Análisis*, 6 (2016), pp. 289-322 (DOI: 10.24265/cian.2016.n6.15).

SCHAFER, Ellise, «'Pride and Prejudice' Series in Development at Netflix from Dolly Alderton», *Variety*, 11 de octubre de 2024. URL: https://variety.com/2024/tv/global/pride-and-prejudice-series-netflix-dolly-alderton-1236175416/ [11-10-2024].

SEEBER, Barbara Karolina, *General Consent in Jane Austen. A Study of Dialogism*, Montreal, Ithica, McGill-Queens University Press, 2000.

SCHOR, Hilary, «Emma, interrupted: speaking Jane Austen in fiction and film», en Gina Macdonald y Andrew F. Macdonald (eds.), *Jane Austen on Screen*, Cambridge, Cambridge University Press, 2003, pp. 144-174.

SÉLLEI, Nóra, «Jane Austen: Our Contemporary in Hungary», en Anthony Mandal y Brian Southam (eds.), *The Reception of Jane Austen in Europe*, Londres, Bloomsbury, 2014 (2007), pp. 240-257.

SØRBØ, Marie Nedregotten, «Jane Austen and Norway: Sharing the Long Road», en Anthony Mandal y Brian Southam (eds.), *The Reception of Jane Austen in Europe*, Londres, Bloomsbury, 2014 (2007), pp. 132-152.

— *Jane Austen Speaks Norwegian: the Challenges of Literary Translation*, Leiden, Boston, Brill Rodopi, 2018.

STOKES, Myra, *The Language of Jane Austen. A Study of Some Aspects of her Vocabulary*. Houndmills, Basingstoke, Hampshire y Londres, MacMillan, 1991.

STROHMEIER, Svenja, *Victorian Morality and Conduct: Jane Austen's representation*, Hamburgo, Anchor Academic Publishing, 2014.

TAHIR GÜRÇAĞLAR, Şehnaz, «Retranslation», en Mona Baker y Gabriela Saldanha (eds.), *Routledge Encyclopedia of Translation Studies*, Londres, Routledge, 2019, pp. 484-489.

TARPLEY, Joyce Kerr, *Constancy & the Ethics of Jane Austen's* Mansfield Park, Washington,

D.C., Catholic University of America Press, 2010.

TEACHMAN, Debra, *Student Companion to Jane Austen*, Westport, Greenwood Press, 2000.

TEKCAN, Rana, «Jane Austen in Turkey», *Persuasions On-Line*, 28-2 (2008), s.p. URL: https://jasna.org/persuasions/on-line/vol28no2/tekcan.htm [22-06-2022].

TODD, Janet, *The Cambridge Introduction to Jane Austen*, Cambridge, Cambridge University Press, 2006.

TOURY, Gideon, *Descriptive Translation Studies and Beyond*, Amsterdam, John Benjamins, 1995.

TUPPEN, Sandra, «Did Jane Austen develop cataracts from arsenic poisoning?», *Untold Lives Blog*, British Library, 9 de marzo de 2017. URL: https://blogs.bl.uk/untold-lives/2017/03/did-jane-austen-develop-cataracts-from-arsenic-poisoning.html [18-12-2022].

UDINA, Dolors, «Compte amb els demais!», *Quaderns. Revista de Traducció*, 25 (2018), pp. 115-119. URL: https://raco.cat/index.php/QuadernsTraduccio/article/view/337841/428645 [19-02-2024].

UNESCO (UNITED NATIONS EDUCATIONAL, SCIENTIFIC AND CULTURAL ORGANIZATION), *Index Translationum*. URL: https://www.unesco.org/xtrans/bsform.aspx?lg=0 [11-02-2024].

VALLE, Ellen, «The Reception of Jane Austen in Finland», en Anthony Mandal y Brian Southam (eds.), *The Reception of Jane Austen in Europe*, Londres, Bloomsbury, 2014 (2007), pp. 170-188.

VAN WOUDENBERG, Maximiliaan, «Going Dutch: The Reception of Jane Austen in the Low Countries», en Anthony Mandal y Brian Southam (eds.), *The Reception of Jane Austen in Europe*, Londres, Bloomsbury, 2014 (2007), pp. 74-92.

VENTÓS, Maria Dolors, «L'aventura de *Mansfield Park*», *Quaderns. Revista de Traducció*, 25 (2018), pp. 99-104. URL: https://raco.cat/index.php/QuadernsTraduccio/article/view/337823/428617 [19-02-2024].

VENUTI, Lawrence, «Retranslations. The Creation of Value», en Katherine M. Faull (ed.), *Translation and Culture*, Lewisburg, Bucknell University Press, 2004, pp. 25-38.

VON FLOTOW, Luise, «Feminist Translation Strategies», en Mona Baker y Gabriela Saldanha (eds.), *Routledge Encyclopedia of Translation Studies*, Londres, Routledge, 2019, pp. 181-185.

WALDRON, Mary, *Jane Austen and the Fiction of her Time*, Cambridge, Cambridge University Press, 1999.

WELLS, Juliette, *Everybody's Jane: Austen in the Popular Imagination*, Londres, Nueva York, Continuum International Publishing Group, 2011.

WINTERS, Ben H., «This Scene Could Really Use a Man-Eating Jellyfish», *Slate*, 15 de septiembre de 2009. URL: https://slate.com/culture/2009/09/how-i-wrote-sense-and-sensibility-and-sea-monsters.html [22-02-2023].

WRIGHT, Andrew H., *Jane Austen's Novels. A Study in Structure*, Harmondsworth, Penguin Books, 1962.

ZARO VERA, Juan Jesús, «Consideraciones sobre la traducción de *Persuasion* de Jane Austen», en *Actas del XXVIII Congreso Internacional/International Conference AEDEAN*, Valencia, Universidad de Valencia, 2005, pp. 1-11.

— «En torno al concepto de retraducción», en Juan Jesús Zaro Vera y Francisco Ruiz Noguera (eds.), *Retraducir. Una nueva mirada. La retraducción de textos literarios y audiovisuales*, Málaga, Miguel Gómez Ediciones, 2007, pp. 22-34.

ZARO VERA, Juan Jesús y RUIZ NOGUERA, Francisco (eds.), *Retraducir. Una nueva mirada. La retraducción de textos literarios y audiovisuales*, Málaga, Miguel Gómez Ediciones, 2007.

ZEFF, Dan (dir.), *Lost in Austen* [serie de televisión], ITV, 2009.

colección

INTERLINGUA

Director: PEDRO SAN GINÉS AGUILAR • ANA BELÉN MARTÍNEZ LÓPEZ